山西全方位推动高质量发展面对面

通俗理论读物系列丛书

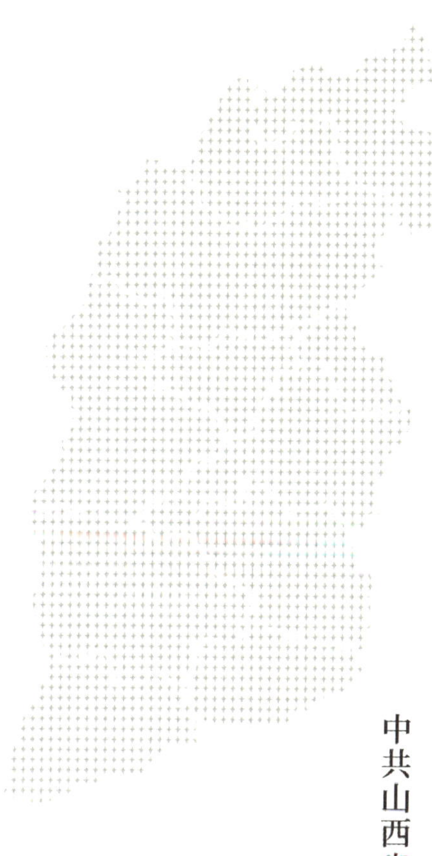

地市竞秀 百舸争流

中共山西省委宣传部 编

山西出版传媒集团 山西人民出版社

图书在版编目（CIP）数据

地市竞秀　百舸争流 / 中共山西省委宣传部编.
—太原：山西人民出版社，2022.8
（山西全方位推动高质量发展面对面通俗理论读物系列丛书）
ISBN 978-7-203-12338-5

Ⅰ.①地… Ⅱ.①中… Ⅲ.①区域经济发展—研究—山西 Ⅳ.①F127.25

中国版本图书馆CIP数据核字（2022）第122005号

地市竞秀　百舸争流

编　　者：中共山西省委宣传部
责任编辑：李建业
复　　审：吕绘元
终　　审：武　静
装帧设计：张镤尹

出 版 者：山西出版传媒集团·山西人民出版社
地　　址：太原市建设南路21号
邮　　编：030012
发行营销：0351—4922220　4955996　4956039　4922127（传真）
天猫官网：https://sxrmcbs.tmall.com　电话：0351—4922159
E-mail：sxskcb@163.com　发行部
sxskcb@126.com　总编室
网　　址：www.sxskcb.com

经 销 者：山西出版传媒集团·山西人民出版社
承 印 厂：山西出版传媒集团·山西人民印刷有限责任公司

开　　本：720mm×1020mm　1/16
印　　张：19.75
字　　数：260千字
版　　次：2022年8月　第1版
印　　次：2022年8月　第1次印刷
书　　号：ISBN 978-7-203-12338-5
定　　价：89.00元

山西全方位推动高质量发展面对面

通俗理论读物系列丛书

编委会

序 言

今年春节前夕，习近平总书记五年来第三次亲临山西考察指导，带来了党中央对老区人民的深切关怀，体现了党中央对山西工作的坚定支持。特别是习近平总书记勉励我们“在高质量发展上不断取得新突破”，“续写山西践行新时代中国特色社会主义新篇章”，更加坚定了我们全方位推动高质量发展的信心和决心。

去年召开的中国共产党山西省第十二次代表大会，是在我们实现全面建成小康社会第一个百年奋斗目标，向着全面建成社会主义现代化强国第二个百年奋斗目标迈进的关键时刻，召开的一次十分重要的会议。大会最重要的成果，就是学习贯彻习近平总书记关于“三新一高”的重要论述，鲜明提出了“全方位推动高质量发展”的目标要求，实现了省委工作思路的继承发展和创新提升。

省第十二次党代会以来，全省上下坚持以习近平新时代中国特色社会主义思想为指导，按照全方位推动高质量发展的目标要求，加快构筑“六个领域”“三个体系”全面贯通、深度协同的工作矩阵，解放思想、实事求是、真抓实干、久久为功，开创了山西工作新的局面。我们统筹抓好经济社会发展和疫情防控，落实“六稳”“六保”

政策，狠抓“三个一批”活动，2021年GDP总量跨过2万亿大关，增速排全国第三，2022年上半年增速上升为全国第二。2022年上半年，原煤产量达到6.4亿吨，占全国的29.2%，排在全国第一位，在能源保供中彰显了山西担当。我们协同推进产业转型“两个方面”，煤炭、电力、钢铁、焦化、建材等传统优势产业加快改造提升，高端装备制造、新材料、大数据、节能环保等战略性新兴产业不断发展壮大。我们积极构建“一群两区三圈”城乡区域发展新布局，太忻一体化经济区建设强势起步，与转型综改示范区形成“双引擎”。我们坚定不移深化改革开放创新，“承诺制+标准地+全代办”等改革扎实推进，营商环境不断优化，10个项目荣获国家科学技术奖，内陆地区对外开放新高地加快构筑。我们充分挖掘历史文化资源，推动中华优秀传统文化创造性转化、创新性发展，以更高站位和更大力度加强文物保护，文化强省建设步伐不断加快。我们全力保障和改善民生，有效应对汾河流域最强秋汛，扎实做好巩固拓展脱贫攻坚成果同乡村振兴有效衔接各项工作，突出抓好农民工务工就业等重点民生工作，进一步增强了全省人民的获得感幸福感安全感。我们坚持山水林田湖草沙系统治理，PM2.5浓度持续下降，汾河流域国考断面提升至Ⅳ类以上，美丽山西正在全新呈现。我们坚持严的主基调不动摇，坚定扛起管党治党主体责任，巩固拓展党史学习教育成果，开展抓党建促基层治理能力提升专项行动，一体推进“三不腐”同时发力、同向发力、综合发力，全面建设清廉山西，推动政治生态迈向持久的风清气正。

今天的三晋大地，全方位推动高质量发展已经蔚然成势，成为山西最鲜明的主题、最激扬的旋律。实践充分证明，省委关于全方位推动高质量发展的决策部署是完全正确的、是富有成效的。

为了全面展示我省全方位推动高质量发展取得的明显成效，深入阐释党中央及省委的决策部署，更好激励全省上下奋进新征程、建功新时代，根据省委安排，省委宣传部牵头编撰了《山西全方位推动高质量发展面对面》通俗理论读物系列丛书。这套丛书包括《提质进位 再谱新篇》《产业升级 转型发展》《区域新局 改革新举》《双碳引领 绿色发展》《民生所系 实事实办》和《地市竞秀 百舸争流》等6册，涵盖了全省经济、政治、文化、社会、生态、党建等各个领域各个方面，既反映中央大政方针，又解读省委重大部署，还关注基层生动实践；既深刻阐释新出台的政策制度，又深度挖掘各地涌现出的典型案例，还深入回答群众关心关注的热点问题。丛书图文并茂、深入浅出、通俗易懂，具有很强的理论性、知识性、政策性和实践性，是我省基层干部学习掌握最新政策的工具书，是专家学者研究阐释山西实践的资料库，是广大群众关注感受发展成就的展示窗，是对外讲深讲实山西故事的金名片，也是纪录省委团结带领山西人民全方位推动高质量发展的档案簿。要运用好这套丛书，进一步激励全省党员干部群众踔厉奋发、笃行不怠，不断绘就全方位推动高质量发展的新画卷。

当前，全方位推动高质量发展风帆正劲。全省上下要深入学习贯彻习近平总书记考察调研山西重要指示精神，深刻认识“两个确立”的决定性意义，增强“四个意识”、坚定“四个自信”、做到“两个维护”，以“时时放心不下”的责任感，统筹抓好防疫情、稳经济、保安全三大任务，不断开创全方位推动高质量发展新局面，以实际行动迎接党的二十大胜利召开，续写山西践行新时代中国特色社会主义新篇章！

是为序。

中共山西省委书记 林武

2022年7月

CONTENTS 目录

第一章

锦绣太原开新局

——全方位推动高质量发展太原篇

山水形胜、人杰地灵、古今交融，名都自古并州。太原是一座具有5000年文明史和2500年建城史的国家历史文化名城，山西政治、经济、文化和国际交流中心，山西中部城市群核心城市，首批国家可持续发展议程创新示范区，中国北方军事、文化重镇，世界晋商都会，中国重要的能源、重工业基地之一，中国优秀旅游城市和国家园林城市。

习近平总书记在山西考察调研期间，多次来到太原，对母亲河保护发展提出要求，让汾河水量丰起来、水质好起来、风光美起来，为千年古城把脉定向，要求我们坚持治山、治水、治气、治城一体推进，持续用力，再现“锦绣太原城”的盛景，不断增强太原的吸引力、影响力，增强太原人民的获得感、幸福感、安全感。

党的领袖对太原这座城市的巨大关怀、对530万太原人民的深情厚爱、对太原全方位推动高质量发展的把脉定向和殷切期待，是太原高质量发展的行动指南和根本遵循，为太原奋进新时代提供了强大精神动力和不竭力量源泉！

一、担起省会责任，再现“锦绣太原城”盛景

全方位推动高质量发展是山西当前最鲜明的主题、最激扬的旋律。太原牢记领袖嘱托、践行初心使命，不断强化省会城市责任与担当，顺势而为，乘势而上，当好全方位推动高质量发展的排头兵。

深度融入国家战略。太原发展已成为国家发展战略的重要组成部分，太原被列入国家黄河流域生态保护和高质量发展重点城市，以太原为核心的山西中部城市群建设进入国家“十四五”规划，在深度融入国家战略中，不断提升太原在全国经济版图中的战略地位。

主动服务全省大局。省委对太原发展寄予厚望、全力支持，作出“一群两区三圈”战略布局，“一群”的核心在太原，“两区”的主体在太原，“三圈”的中心在太原，太忻一体化经济区、山西转型综改示范区南北双引擎更是为太原发展插上腾飞的翅膀。作为省会城市，太原将强化省会意识，彰显省会担当，展现省会作为，抢抓战略机遇，构建战略支撑，保持战略定力，努力当好全方位推动高质量发展的排头兵，为山西在中部地区高质量发展中争先崛起作出应有贡献。

全方位推动高质量发展。太原锚定建设国家区域中

心城市的战略目标，担负起带动山西中部城市群争先崛起的使命，全力打造创新高地、产业高地、人才高地、开放高地。着力构建多元支撑的现代产业体系，一体推进治山、治水、治气、治城，加快推进市域治理体系和治理能力现代化，不断提升太原在全省的首位度和在全国的影响力，全面再现“锦绣太原城”盛景。

追风赶月莫停留，平芜尽处是春山。太原全方位推动高质量发展必将恢宏呈现、壮阔远航，在新时代书写其道大光、浩浩荡荡的全新发展史。

太原太山

二、牢记殷殷嘱托，书写高质量发展新答卷

艰难方显勇毅，磨砺始得玉成。近年来，太原把握发展大势，抢占发展先机，不断加码新经济转型，推动传统产业改造提升，促进新兴产业发展壮大，引导未来产业抢占先机，在高质量发展的道路上跑出了加速度、跨上了新台阶，转型发展成果丰硕。

产业转型升级，增强发展动能

产业转型是经济高质量发展的重中之重。太原围绕打造产业高地的要求，构建多元支撑的现代产业体系，推动产业转型升级，稳一产、强二产、优三产，实现产业协同发展。坚定不移实施工业强市战略，明确高端装备制造、新材料、信息技术产业三大主攻方向。改造提升传统产业，发展壮大战略性新兴产业，坚持推动服务业提质增效，依托省城大市场、大资源，深化农业供给侧结构性改革，大力推进文化旅游产业深度融合。太原经济发展方式加速转变，产业结构持续优化，发展韧性明显增强，高质量转型发展呈现强劲态势。2021年，太原地区生产总值实现5121.61亿元，历史性突破5000亿元大关，实际增长9.2%，增速居全国省会城市第三

位；名义增速23.3%，排名全国省会城市第一。

传统产业内涵集约发展。以冶金、煤炭、电力、焦化为主体的传统产业基础雄厚，是太原经济稳定的压舱石。面对新经济环境，太原加快改造提升传统优势产业，延伸产业链，优化供应链，促进煤炭、焦化、钢铁、电力、建材等行业产需对接，鼓励企业采用清洁生产新技术、新工艺、新材料和新产品，提高产业的含新量、含绿量、含金量，加快把资源优势转换为市场竞争优势和产业发展优势。严控“两高”项目，分行业压实能耗“双控”责任，系统推进产业发展和环境保护。依托老工业基地产业基础，加快推进工业高质量发展，加大工业投资力度，以清徐精细化工循环产业园为代表的一批传统产业新型化企业集群强劲崛起，以太原锅炉集团为代表的一批老企业重新焕发活力。

战略性新兴产业成链集群发展。坚持高端化、智能化、绿色化方向，围绕头部企业和关键核心技术，实施智能制造和绿色制造工程行动，推动全产业链协同转型。加快创新链和产业链有效对接，推动实行“链长制”，做大做强头部“链主”企业，积极培育“链核”企业，实现产业链上下游、大中小企业协同发展，形成新兴产业未来产业为先导、百亿级产业为骨干、千亿级产业为引领的梯次产业发展格局。

太原战略性新兴产业、高技术制造业成为工业经济发展新动能，高端装备制造业全面提升。一批机器人、直升机研发生产基地全面启动建设，中车铁路装备制造基地进展顺利。新一代信息技术产业加快布局。新材料产业体系初步形成，太钢年产1800吨高端碳纤维三期工程和高端冷轧取向硅钢项目进入试生产阶段。

·特别关注·

“太钢制造”以卓然品质助力“绿色”冬奥

太钢圆满完成“冰丝带”主管道的不锈钢管、不锈螺纹钢筋、L型C型不锈钢板等三类不锈钢产品供应，确保了北京冬奥会工程建设。“冰丝带”系我国首个、世界最大单体二氧化碳直冷冰场的国家速滑馆。

2022年，太钢产TG800碳纤维制作的雪车和雪车头盔亮相北京冬奥会训练场，助力中国健儿取得更好成绩。该型TG800碳纤维材料含碳量在95%以上，成型之后，密度只有钢的五分之一，强度是钢的两倍。碳纤维复合材料的应用，可以减轻雪车重量，同时降低运动员在撞车事故中的受伤程度。

现代服务业增添新活力。服务业事关发展全局，事关民生福祉，地位举足轻重。太原坚持把推动服务业提质增效摆在战略位置，统筹服务业政策供给，加快发展生产性服务业，大力发展生活性服务业，积极培育新业态新模式。2021年，服务业增值完成2963.72亿元，同比增长8.6%。

生活性服务业持续提振，六味斋、双合成、宁化府等本土品牌成为新的消费热点，传统品牌焕发出新生机。生产性服务业加快发展，太原加工贸易产业园进入首批国家认定名单。太原入选全国物流枢纽建设和智慧物流配送示范城市，获批国家级服务业标准化试点城市，荣获“中国最具竞争力会展城市”称号。积极支持商业新模式良性发展，连锁零售企业持续增点扩能，便利店发展指数位列全国第三。直播带货、生鲜电商等新业态新模式迅速发展，互联网零售保持高速增长态势。

农业“特”“优”发展成效显著。2021年，太原坚持把保障粮食安全摆在突出位置，推动农业稳产增产，坚决守牢粮食安全底线。大力发展有机旱作农业，创建了3个万亩优质原材料生产基地、1个千亩科研示范基地和1万亩特色作物示范片，实现了标准化生产全

阳曲农投现代农业科技示范产业园的玻璃温室。该产业园建成后将成为太忻经济一体化现代都市农业产业集群重要组成部分。

因晋祠大米而闻名于世的晋祠镇，建起稻田公园。图为夏日里稻田公园的别样风景。

覆盖、良种化率100%、增产5%的目标。依托省城大市场、大资源，深化农业供给侧结构性改革，大力发展都市现代农业，形成南部城郊农业、北部有机旱作特色农业新格局。

太原持续发力打造优质农产品品牌。阳曲小米等6个产品获国家地理标志认证，锦田羊肚菌和炼白葡萄酒荣获山西省功能农产品，晋祠大米荣获市级区域公用品牌，水塔集团的8个食醋系列产品获“圳品”认证，水塔、紫林、马裕、金大豆等9个品牌入选全

·知识链接·

6个入选国家地理标志认证产品：山西老陈醋、晋祠大米、清徐葡萄、清徐沙金红杏、阳曲小米、清徐老陈醋。

9个入选全省特优农产品品牌：东湖、水塔、紫林、宁化府、汾东、首邑田园、金大豆、珈绿、马裕葡萄酒。

省100个特优农产品品牌目录。

以农业为基础、农村为载体，拓展农业功能，传承农耕文化，培育休闲农业精品，着力建设清徐醋文化旅游、清徐葡萄采摘、小店汾东休闲农业、晋源花卉小镇、晋祠稻花香五大产业景区。

文旅产业深度融合。太原推动文化和旅游产业深度融合，积极参与黄河、长城、太行三大板块建设，构建形成“强主体、整资源、丰行业、促融合、建链条、优布局”的现代文化旅游产业体系。“十三五”期间，新增国家4A级旅游景区2家、3A级旅游景区10家。开展免费送戏进景区，“非遗”进景区活动。举办各种文化、教育、研学、考古等主题活动，持续深化多业态

2021年9月19日晚，历时一年多升级改造，有着千年文化底蕴的老街——太原钟楼街正式开街运营。

华灯初上，晋阳里滨水商业街区流光溢彩。

同旅游业融合。

2021年，多项文旅项目建成开放，晋阳里滨水商业街建成开放，阳曲方特正式开业，太原古县城、双塔公园建成开放。千年古街钟楼街繁华归来，柳巷商圈荣列全国国庆消费热门商圈第二名。

营商环境进一步优化。太原聚力打造一流营商环境，吸引更多企业落地开花。以“一切为了企业”“一切服务企业”的初心和使命，按照“三无三可”要求，全面深化“放管服”改革。全面铺开开发区“承诺制+标准地+全代办”改革。实现营业执照和各类经营许可证“证照分离”改革全覆盖。顺利实施“一枚印章管审批”，90%以上政务服务事项实现“一网通办”。“获得信贷”“劳动力市场监管”两项营商环境指标居全国前列，一批高质量、高水平，具有强大引领和带动作用的战略性新兴产业头部企业纷纷落地太原。2021年，市场主体新增13.56万户、达到64.56万户。

改革创新激活力，区域发展添动力

蹄疾步稳开新路，勇毅笃行再出发。太原系统谋划改革创新，太忻一体化经济区、山西综改示范区南北引擎协同联动，能源革命奏响强音，人才队伍英才集聚，科技创新智慧驱动等方面亮点频出，为全方位推动高质量发展奠定了坚实基础。

南北引擎增添改革发展新动力。太原聚焦构建“中心龙头、南北引擎、东西两翼”一体化发展格局，加快建立与晋中、忻州、吕梁、阳泉周边四市常态化对接合作机制，围绕规划编制、产业布局、基础设施、生态治理、公共服务、要素配置等重点领域，强化政策协同，谋求率先突破，不断提升太原作为城市群龙头的集聚扩散效应，以中心隆起支撑全省全方位高质量发展。太原作为中部城市群核心城市，太忻一体化经济区与山西转型综改示范区，南北呼应、两翼齐飞，引领整个山西中部城市群均衡发展、联动发展、整体发展。

以太忻一体化经济区建设为突破，打造发展北引擎。太原将太忻一体化经济区建设作为重大政治任务和头号工程，高起点、高标准、高水平建设太忻一体化经济区（太原区）。以基础设施为先导、以产业园区为载体、以启动区建设为突破，推动改革集成、创新集聚、产业集群、要素集约，加速构建太忻经济区（太原区）的“四梁八柱”。规划了“一年见效、三年成形、五年成势、十年成城”的奋斗目标，以清单式管理、项目化推进，针对重点任务、重要事项，制定路线图、任务书、时间表，牵引各项工作按照时间节点滚动实施、压茬推进。

以山西转型综改示范区为引领，强化南引擎作用。山西转型综改示范区率先实行了一系列改革举措。营商

正在建设的西北二环高速公路将与康西公路、太临高速连通，成为太忻一体化经济区交通道路网重要组成部分。

环境主要指标跨入全国前列，开放性经济水平不断提高，对标自贸区先进制度成果，探索实施了上百项改革创新，46项在全省复制推广，多项首创性改革举措为开发区建设管理提供了丰富的“山西样本”。改革引领经济发展取得良好成绩，山西转型综改示范区成立5年来，全区地区生产总值实现翻一番，主要指标均实现两位数增长，规上工业增加值年均增长16.6%，工业投资年均增长31.7%，“四上企业”数量年均增长18.5%，规上工业企业数量年均增长17.8%，活跃市场主体年均增长21.6%。

栽好梧桐树，喜迎凤凰来。2021年，太原全面深化人才体制机制改革，建立“来并创业绿色通道”，建设

山西转型综改示范区

·知识链接·

十二大基地：
大学生实习实训基地
大学生就业创业基地
高校科研平台延伸基地
高校科技成果转化基地
智库合作基地
高校优质生源基地
红色教育和国情教育基地
大学生联合培养基地
高校干部人才培养基地
校友招商引才基地
高校农产品供应基地
技能服务人才培养基地

市级人才公寓1000余套，发放各项人才补助（贴）5.4亿元，吸引100余所高校3.4万人来并就业创业。充分激发用人主体及人才活力，以项目吸引人才、以产业集聚人才、以事业留住人才，为全方位推动高质量发展提供了强大的人才引擎。

2021年，太原每10万人中具有大专及以上文化程度30861人，是全省平均数（17358人）的1.78倍。太原市人才总量从2016年的69.5万增长到90万，其中专业技术人才32.3万人、高技能人才24.24万人。

深化省校合作，“十二大基地”建设硕果累累。截至2021年底，太原依托高校人才资源集聚、创新资源富集优势，与省内外100余所高校开展广泛合作，合作项目400余个，签约项目300余个。创立了同创谷“校友招商”模式、太原智慧产业园“创业孵化”模式、太原锅炉集团“产才融合”模式等典型模式，人才对经济社会发展的贡献度逐年提升。全市21所中学与64所高校签约优质生源基地，优质生源地多点布局、多点开花。

济济多士，乃成大业；人才蔚起，国运方兴。如今的太原，让广大人才创新创造活力充分迸发，让各路高贤聪明才智竞相涌流，为全面再现“锦绣太原城”盛景集聚人才力量。

创新引领发展，科技成就收获。太原强化企业创新主体地位，大力培育科技领军企业。在全省率先以市委、市政府名义出台科技领军企业培育行动方案，建标准，定目标，借“他山之石”力求政策最优。聚焦太忻一体化经济区，着力高端装备制造、新材料、信息技术、绿色能源等产业细分领域，重点培育百家具有自主知识产权、拥有领军研发团队、产品市场占有率高的高新技术企业。

科技创新成果丰硕。手撕钢、笔尖钢等核心技术攻关实现重大突破。太原理工大学参与完成的“典型农林废弃物快速热解创制腐殖酸环境材料及其应用”项目获

·特别关注·

“揭榜挂帅”解难题

为聚焦激发企业创新活力，太原创新重大科技项目立项和组织管理方式，采取“揭榜挂帅”方式，以结果导向管理为主，给予企业最大自主权，破解产业发展关键核心技术难题。2021年8月，首批发布太钢等7家行业龙头企业的8个“揭榜挂帅”项目，清华大学、中电科十所、海康机器人等13家国内知名高校、科研院所和企业已成功揭榜，引进培养438名科研人员，共同攻克制约产业高质量发展的关键核心技术。

国家技术发明二等奖，为山西省近6年来首次获国家技术发明奖。“基于超冷费米气体的量子调控”“煤矸石煤泥清洁高效利用关键技术及应用”等9个项目荣获国家科学技术奖。

重大创新平台建设成效显著。太原与企业高校一对一培育建设国家重点实验室、省实验室、省级重点实验室等创新平台。2021年新获批3个国家重点实验室，太原国家重点实验室数量由2015年的4个增至7个，占全省的比例由2015年的80%提高至88%。新获批的国家第三代半导体技术创新中心（山西），是太原首个国家技术创新中心。

深入践行“两山”理论，“双碳”引领绿色发展

敢为人先，凤凰涅槃。太原坚决打起生态文明建设的政治责任，建机制、强监管、严追责，全方位、全地域、全过程开展生态环境保护，有序实施碳达峰行动，持续推进新能源革命，持续筑牢生态屏障，生态治理成效显著。

有序实施碳达峰行动。深入开展能源革命综合改革试点，推动能耗“双控”向碳排放总量和强度“双控”转变，坚决遏制“两高”项目盲目发展。先立后

破，统筹有序做好碳达峰碳中和工作。加快推进国家可持续发展议程创新示范区建设，推广应用先进智慧与清洁能源技术，推进光伏、氢能等新能源开发利用，探索实施超低能耗、近零能耗示范工程，不断提升绿色低碳发展能力。大力发展绿色消费，增强全民节约意识，推动形成绿色低碳生活新时尚。在城市南部、北部谋划建设超临界热电联产项目，加强白色垃圾污染治理和大宗固废综合利用，推动形成绿色低碳生活新时尚。2021年，太原成功入选国家“十四五”时期“无废城市”。

·知识链接·

“无废城市”：是以创新、协调、绿色、开放、共享的新发展理念为引领，通过推动形成绿色发展方式和生活方式，持续推进固体废物源头减量和资源化利用，最大限度减少填埋量，将固体废物环境影响降至最低的城市发展模式。“无废城市”建设能实现固体废物产生强度较快下降，综合利用水平显著提升，无害化处置能力有效保障，减污降碳协同增效作用充分发挥，基本实现固体废物管理信息“一张网”，“无废”理念得到广泛认同，固体废物治理体系和治理能力得到明显提升。

持续推进新能源革命，打造能源革命样板。太原立足于能源资源集聚优势，多措并举，推动经济社会发展绿色低碳转型，践行低碳发展理念，全面促进能源革命综合改革试点任务落地生根、有序推进，努力打造全国能源革命创新高地。

着力激发煤炭新生动能，以提“智”增效、规范发展为煤炭产业转型安上驱动轮，淘汰落后产能、培育先进产能、发展智能产能，推动煤炭“减”“优”“绿”发展。2021年太原煤炭先进产能占比达到80.9%，焕发行业新生活力。

以深化电力体制改革为抓手，持续推动电力市场体系建设，打造电力体系优化升级版，全力推进26项重大电网工程建设。以新能源发展作为能源结构优化调整的转向力，以项目建设为新能源产业规模发展壮大按下加速键。深入践行“双碳”目标，推动能源绿色低碳转型，持续提高能源发展含绿量，全面完成清洁取暖改造。

全力破解能源产业发展关键技术瓶颈，能源关键核心技术取得突破，抢占能源转型变革先机。着力建设科创平台，立项建设“煤基能源清洁高效利用省部共建国家重点实验室”“煤炭大型气化技术创新中心”等创新平台。

高质量引领，生态屏障持续筑牢。重现蓝天白云、青山绿水，为人民群众创造良好的生产生活环境。太原深入践行“两山”理论，认真贯彻落实习近平总书记“治山、治水、治气、治城一体推进，持续用力，再现‘锦绣太原城’的盛景”重要指示精神，系统治理、多措并举加强生态环境治理，在改善省城环境质量上奋力攻坚突破，让绿色成为高质量发展主旋律中最美色彩。

全域治山，筑牢生态屏障。太原以创建国家森林城

·特别关注·

矿山生态修复　太原“西山模式”

以西山生态修复为例，太原创新治理模式，按照“政府主导、市场运作、公司承载、园区打造”的理念，实施适度开发和绿化的“二八政策”，吸引17家国有、民营企业参与西山生态修复，累计完成投资150亿元，建成17个各具特色的城郊森林公园，治理破坏面约6平方公里，造林绿化约54平方公里，森林覆盖率达35.6%，建成投用全长230公里的东西山旅游公路暨公路自行车赛道。

太原生态修复的“西山模式”在《联合国气候变化框架公约》第24次缔约方大会、2021年可持续发展论坛等平台向国际分享，并亮相国家“十三五”科技创新成就展。

市为抓手，持续开展大规模国土绿化行动，形成百万亩森林围城的绿色生态系统。全面实施绿色矿山建设，深入开展采煤沉陷区综合治理，分类分级实施山体破坏面生态修复。依托东西山绿色生态资源，适度布局发展生态康养、文旅休闲等产业。

持续推进东西北山生态修复。2021年底，累计修复山体590万平方米，完成各类营造林188万亩，230公里的东西山旅游公路全线贯通，形成30处森林公园环城的景观格局，荣获“全国绿化模范城市”称号。

市场化矿山生态修复治理的“西山模式”编入《中国落实2030年可持续发展议程进展报告（2021）》，成为可持续发展样本向全国、全球推介。推进东西山环城森林公园提质扩容，2021年，完成营造林46万亩，绿化覆盖率达到44.77%，绿色遍染并州大地。

太原建成综合性公园53个，专类公园12个，带状公

太原打造出“一泓碧水穿城过，河畔彩带映春色”的美景。

园7个，社区游园58个，街头游园（广场）309个，街旁绿地260块。建成区公园绿地面积已达到4680公顷，绿地率达到39.64%，人均公园绿地面积达到13平方米。

系统治水，扎实推进水生态治理。习近平总书记让汾河“水量丰起来、水质好起来、风光美起来”的殷殷嘱托激励着太原，系统治水，打造整体水系。

加强汾河流域河道水源涵养、生态恢复，完成汾河中游百公里示范区太原段建设，形成岸绿水清、点线辉映、人水相亲的城市生态带、品质带、文化带、形象带。统筹实施汾河生态修复治理三期、四期工程，形成43公里生态景观长廊。持续开展晋阳湖生态保护与修复，实施“九河”上游生态治理，高质量打造“一湖点睛、一水中分、九河环绕”的水韵龙城格局。

·知识链接·

“九河”：指汾河在太原市区的9条主要支流，其中北涧河、北沙河、南沙河从东汇入汾河，风峪河、冶峪河、虎峪河、玉门河、九院沙河、小东流河则从西汇入汾河。

加快城市雨污分流改造，推进城

西山旅游公路

镇污水管网全覆盖，实现污水全收集全处理，提高水资源综合利用水平，再生水回用率达到25%以上。深化城市生活污水综合治理，启动雨污混接点改造，加快晋阳污水处理厂二期、北郊污水处理厂改扩建等项目建设。

强力治气，让蓝天白云常相伴。太原确立空气质量改善优先原则，实施清洁供暖改造、企业超低排放改造等重大举措，彻底告别散煤采暖历史，建成区生活垃圾实现全焚烧，市区空气综合污染指数显著下降。2021年全年市区优良天气天数224天，优良率为61.4%，市区综合污染指数为5.24，同比下降11.3%，改善幅度在全国168个重点城市中排名第32位。

强力推进空气质量提升，紧盯重点领域、重点行业、重点时段，加大源头治理力度，力争市区优良天数稳步增加。强化工业污染治理，开展焦化、水泥、化工等重点行业超低排放改造。强化臭氧治理，进一步深化臭氧成因分析研究，加快制定涉VOCs企业分级管控方案，深入开展工业挥发性有机物综合治理，强化餐饮油烟控制、露天烧烤整治，加快破解臭氧污染防治难题。强化扬尘和交通污染治理，严格落实工地扬尘管控“六个百分之百”要求，加强非道路移动机械管理，加快推动晋煤物流铁路专用线建设。

持续改善民生福祉，绘就美好新生活

天地之大，黎元为本。在发展中保障和改善民生，是我们一切工作的出发点和落脚点。太原坚持为民初心，抓住人民最关心最直接最现实的利益问题，在持续办好民生实事上用心用情用力，着力抓民生、促和谐，切实增强人民群众获得感、幸福感、安全感。

·特别关注·

“创森”引领，生态功能持续提升

2021年，太原市依托“植树码”微信小程序，统筹全市义务植树活动，实现了报名、参与、捐资、证书生成一站式服务，100多个单位、7500个用户实名注册，义务植树捐资133.5万元，森林城市创建得到300余万人次关注，评选出森林单位、森林校园100家，“大地植树、心中植绿、生态共享”的“创森”氛围日渐浓厚。太原植物园、双塔公园、75公里长的汾河自行车道及配套绿化、五一广场改造工程等一系列高起点、高标准的城市公园、绿地建成开放，城市公园体系进一步完善、城市品位进一步提升，绿满并州城正在成为太原全方位推动高质量发展的鲜明标志。

稳就业促增收筑牢民生之本。太原积极做好高校毕业生、农民工、就业困难人员、脱贫人口及边缘易致贫人口等群体的就业工作，提高劳务输出组织化程度，确保零就业家庭动态清零；推进多渠道灵活就业，支持规范新就业形态和灵活就业健康发展，鼓励劳动者自谋职业、个体经营、自主创业。2021年，太原城镇累计新增就业8.5万人，城镇居民人均可支配收入达到41377元，农村居民人均可支配收入达到21551元。

守护百姓健康筑牢安全屏障。太原坚持生命至上、健康至上，紧扣加快建设健康太原、推动卫生健康事业高质量发展这条主线，慎终如始抓好常态化疫情防控，持续深化医药卫生体制改革，统筹建强医疗卫生服务体

双塔公园再现古晋阳八景之一“双塔凌霄”。

系，着力提升卫生健康服务能力。新冠病毒疫苗接种剂次、人数均居全省第一。夯实医疗卫生基础条件，推动优质医疗资源扩容和区域均衡布局，持续推进县域综合医改，全面推开公立医院薪酬制度改革，深化三医联动改革，推进医保支付方式改革，促进药价实质性降低。2021年，每千人拥有医疗床位8.82张、每千常住人口执业医师数达到4.8人，均位居全国前列。发挥国家级城市医联体建设试点优势，推动县域医疗卫生一体化改革提质增效，成为全省首个改革示范县覆盖过半的地市。获批国家级公立医院综合改革示范市。

·特别关注·

小食堂，大民生

太原秉持“与邻为善，以邻为伴”理念，坚持“政府主导、市场参与、保障老人、服务社区”原则，大力推进社区食堂建设，为85万老年人就餐提供了便利。2025年末，太原将建成500个社区食堂，基本形成覆盖城乡、布局均衡、主体多元、方便可及的社区食堂服务网点。

健全多层次社会保障体系。为实现人民生活幸福安康，筑牢社会保障的“安全网”，太原全面实施全民参保计划，实现中小微企业、灵活就业人员、农民工等重点群体全覆盖，居民养老、医疗、失业等保险基本实现全覆盖。以“一老一小”为重点完善人口服务体系，大力发展养老托幼服务，增加居家、社区、机构等医养结合服务供给，推动三孩生育政策落地。社区居家养老服务走在全国前列，建成全国老年友好型示范社区7个，荣获第三批“全国智慧健康养老示范基地”称号。

2021年，太原已建成140个社区食堂；“爱心奶”工程覆盖特困群体2.5万余人；建成退役军人服务中心（站）1525个；把解决不动产登记遗留问题作为重大民生工程，完成16万余套“有房无证”住房产权登记办理，获批国家住房租赁试点城市。

办好新时代人民满意的太原教育。太原全面贯彻党的教育方针，全面深化教育体制改革，全面落实立德树人根本任务，大力推进教育治理现代化，以更优资源推动教育发展，教育公平充分彰显，社会关注的教育热点难点问题基本得到解决。到2021年底，太原累计新改扩建中小学校58所，新增优质学位10.4万个，普惠性幼儿园覆盖率达到93.7%，公办小学免费托管服务惠及28万个家庭。

三、锚定奋斗目标，踏上转型发展的新征程

春风得意马蹄疾。回望过去，太原高质量发展成就斐然；展望未来，站在全新起点之上的太原，正攒足劲，蓄好势，奔向更为远大的目标。太原市第十二次党

代会描绘的高质量发展愿景，将经过全市人民的接续奋斗变成现实，“锦绣太原城”盛景未来可期。

全面再现“锦绣太原城”盛景，就是要实现产业兴旺、经济发达。新时代新征程中，太原将完整准确全面贯彻新发展理念，坚定不移沿着习近平总书记指明的转型发展“四条路径”阔步向前：经济总量向万亿元迈进，人均地区生产总值达到2万美元以上，战略性新兴产业规模和竞争力实现新跨越，多元支撑、特色鲜明的现代产业体系基本形成；城市能级明显提升，立体化交通体系更加完善，综合承载力大幅提高，太忻经济带建设取得实质性突破，“山水拥城、一核两翼、片区突破、多点成网”的城市发展格局全面构建，在山西中部城市群的核心引领和辐射带动作用充分凸显，为全面再现“锦绣太原城”盛景奠定坚实物质基础。

全面再现“锦绣太原城”盛景，就是要实现文化兴盛、魅力彰显。太原文化软实力得到明显提高，社会主义核心价值观深入人心，公共文化服务体系更加健全，文化遗产保护与文旅产业融合发展，历史文化名城特色充分彰显。让太原成为具有独特文化魅力的城市，为全面再现“锦绣太原城”盛景凝聚精神力量。

全面再现“锦绣太原城”盛景，就是要实现生态良

好、美丽宜居。太原环境质量得到明显好转，绿色生产生活方式基本形成，单位地区生产总值能耗下降，主要污染物排放量持续减少，森林覆盖率达到30%，汾河流域治理取得重大进展，天蓝地净山绿水清成为新常态，重现“水上西山如挂屏，郁郁苍苍三十里”的美景，让绿色成为“锦绣太原城”盛景的鲜明底色。

全面再现“锦绣太原城”盛景，就是要实现社会和谐、人民幸福。太原民生福祉得到明显改善，居民收入水平与经济发展同步增长，城乡居民收入差距持续缩小，优质均衡的公共服务保障体系基本形成，共同富裕迈出坚实步伐，人民生活更加殷实安康，让和谐幸福成为“锦绣太原城”盛景的靓丽名片。

全面再现“锦绣太原城”盛景，就是要实现民主法治、政治清明。太原要坚持走中国特色社会主义政治发展道路，努力营造彰显公平正义的民主法治环境，法治太原、平安太原建设卓有成效，市域治理现代化走在全国前列，为全面再现“锦绣太原城”盛景提供坚强政治保证

和法治保障。太原要全面再现锦绣太原城盛景，就必须要坚持把党的建设贯穿工作各领域、全过程，各级党组织的领导核心作用充分发挥，管党治党责任体系更加健全，干部队伍作风素质更加过硬，风清气正的政治生态进一步巩固，为全方位推动高质量发展提供坚实保障。

千年古城重振雄风、再展新貌，就必须自觉把太原放在全国全省大局中审视谋划，用足用好政策，集聚整合资源，不断提高工作的预见性、针对性和实效性，顺势而为、乘势而上，做到既为一域争光、更为全局添彩。未来的太原必将呈现：现代产业蓬勃发展，科技创新硕果累累，综合竞争力跨入省会城市先进行列，城市疏密有致、功能完备、大气恢宏，唐风晋韵与现代文明交相辉映，立体交通连五洲、四海宾朋聚太原，西山增翠色、东山展新颜、百里汾河如画廊。太原这座承载着厚重历史文化的现代化都市，将向世人展示“山如黛染、水似碧玉、蓝天常在、城入画屏、人民富足、社会祥和”的锦绣风采！

第二章

云中大地焕新颜

——全方位推动高质量发展大同篇

在三晋大地北部，镶嵌着一颗璀璨的明珠——大同。大同古称云中、平城，素有“两汉要塞、北魏京华、辽金陪都、明清重镇”的美誉，是中国九大古都之一。

在这片沃土上，矗立着气势恢宏的云冈石窟等古迹，文化遗产富集，自然人文交融，留下了胡服骑射、白登之围、太和改制、隆庆和议等见证民族融合的历史典故，孕育了开放包容、开拓创新、自强不息的文化基因。中华人民共和国成立以来，大同荣获了全国首批24个历史文化名城、全国首批13个较大的市、中国优秀旅游城市、中国雕塑之都、全国性交通枢纽城市、国家园林城市、国家新能源示范城市、全国“双拥”模范城等称号，2021年入列国家25个重点旅游城市名单。

莫道农家无宝玉，遍地黄花是金针。每到盛夏，大同迎来黄花采摘季，一亩亩黄花汇聚成一望无际的花海。大同“小黄花”种出农户脱贫致富的“大产业”，“忘忧草”成为绽放在三晋大地上的“致富花”。

忆往昔峥嵘岁月稠，展未来还看今朝勇。在新时代新征程上，如何书写全方位推动高质量发展新篇章？如何重振昔日荣光？不甘落后的大同人，给出了这样的答案。

一、奋斗两个五年，跨入第一方阵

2020年5月11日，习近平总书记亲临山西视察，首站就来到大同，让大同广大干部群众备受鼓舞，极大地激发了全市上下奋起直追、赶超发展的昂扬斗志。2017年9月，《国务院关于支持山西省进一步深化改革促进资源型经济转型发展的意见》印发；2019年8月，中办国办印发《关于在山西开展能源革命综合改革试点的意见》。这是党中央从世界能源大势和新时代高质量发展全局出发，赋予山西的国家使命，为大同发挥传统产业优势、拓展新的发展空间提供了重大机遇。

2021年4月，《中共中央 国务院关于新时代推动中部地区高质量发展的意见》中提出，“促进洛阳、襄阳、阜阳、赣州、衡阳、大同等区域重点城市经济发展和人口集聚”，既明确了大同区域重点城市的地位，也为加快经济发展、促进人口集聚提供了政策依据。2021年中央经济工作会议指出，“立足以煤为主的基本国情”“推动煤炭和新能源优化组合”“新增可再生能源和原料用能不纳入能源消费总量控制”，为大同今后一段时期内稳定煤炭产业、加快调整优化能源结构指明了路径。

山西省第十二次党代会提出打造“一群两区三圈”的城乡区域发展新布局，要求大同“提升城市综合承载力和辐射带动力，建设全国性交通枢纽和陆港型国家物流枢纽，打造蒙晋冀长城金三角中心城市和对接京津冀、融入环渤海门户城市”，这是对大同引领晋北城镇圈发展的具体要求，强化了大同区域龙头地位。

每一个辞旧迎新的时刻，都让人心潮澎湃。2021年12月30日，中共大同市委十六届二次全会暨市委经济工作会议立足大同、放眼全省，响亮地提出“奋斗两个五年，跨入第一方阵”总目标。大同信心满怀、干劲十

·数说大同·

2021年，大同地区生产总值完成1686亿元，净增305亿元，比近三年净增量之和多26.1亿元，同比增长7.5%、比上年提高3.2个百分点，净增量和增速均达到近五年最高水平，其中第一产业增加值完成102.2亿元，同比增长9.7%；第二产业增加值完成716.2亿元，同比增长7.6%；第三产业增加值完成867.7亿元，同比增长7.1%；三次产业结构比为6.0∶42.5∶51.5。规上工业增加值完成520.7亿元，增长9.0%。固定资产投资完成732亿元，增长9.2%，比全省（8.7%）高0.5个百分点，比全国（4.9%）高4.3个百分点。社会消费品零售总额完成760.9亿元，增长16.1%，比全省（14.8%）高1.3个百分点，比全国（12.5%）高3.6个百分点，增速排名全省第三。一般公共预算收入完成166.7亿元，增长23.5%，比全省（23.4%）高0.1个百分点。城镇常住居民人均可支配收入36685元，同比增长8.1%，比全省（7.6%）高0.5个百分点，增速全省排名第二。农村常住居民人均可支配收入12909元，同比增长11.2%，比全省（10.3%）高0.9个百分点，比全国（10.5%）高0.7个百分点，增速全省排名第二。

足，矢志以“争先进位、富民强市”的新业绩，奋力谱写全方位推动高质量发展新篇章。

二、开辟五大战场，首役全线告捷

2021年以来，大同市紧盯目标强举措，凝心聚力谋发展，“十四五”实现良好开局，真正把党中央“疫情要防住、经济要稳住、发展要安全”的重大要求落实到了具体行动上，体现在了实际成效中。

打好了践行嘱托的主动战

殷殷嘱托催奋进，践行使命显忠诚。大同始终牢记习近平总书记嘱托的黄花产业发展、历史文化遗产保护和巩固脱贫成果三件大事，用心用力朝着习近平总书记指引的方向阔步前行。

·特别关注·

大同冷冻黄花首次出口加拿大

黄花，学名萱草，又名忘忧草，俗称金针菜。大同日照充足，昼夜温差大，加之独特的六瓣七蕊种质资源和火山喷发形成的富锌富硒土壤，天然造就了大同黄花高品质。当地种植黄花已有600多年历史，是我国四大主产区之一。

2022年2月28日，由大同市商务局、大同市农业农村局、大同海关和天镇县人民政府组织的首批500箱3.75吨冰鲜大同黄花出口加拿大起运仪式在天镇县举行。这是山西省首批走出国门的冷冻黄花产品。

黄花产业实现提质增效。大同着力实施黄花产

大同黄花丰收景象

业高质量发展专项行动，打造坊城新村黄花产业园，培育黄花加工企业，开发系列产品，全产业链总产值达到30.3亿元。“大同黄花”被农业农村部确定为全国百强农产品区域公用品牌、全国乡村产业高质量发展“十大典型”之一。“黄花＋”模式带动旅游收入2亿多元，《人民日报》等全国上百家主流媒体持续关注、深度报道。

“云冈学”研究持续深化。2021年2月19日，云冈研究院正式挂牌成立，云冈石窟踏上保护为主、兼顾文化传承与开发利用的新征程。大同大学创设云冈学学院，与北京大学、山西大学、太原理工大学共建云冈

大同云冈景区

研究中心和教学研究基地。《云冈石窟全集》荣获第五届中国出版政府奖。创办全国性学术期刊《云冈学》。建设云冈国际文化交流中心，举办云冈石窟可持续发展与传承研讨会、第四届中国大同北魏云冈文化论坛等学术活动，“云冈学”在国内外的影响力持续扩大。编制《云冈历史文化长廊旅游规划》，启动云冈大景区建设，云冈景区的旅游热度持续升温。

巩固拓展脱贫攻坚成果同乡村振兴有效衔接。大同在四方面下真功、求实效。持续加强防止返贫的动态监测帮扶，严格落实“四个不摘”，统筹政策、规划、队伍、产业“四个衔接”，建立防止返贫致贫动态监测和帮扶机制，建立常态化问题排查机制，市级领导每人帮扶一个易地搬迁安置区，牢守防止返贫致贫底线。持续强化产业就业帮扶、兜底式保障、应急性救助，实施高素质农民技能提升培训和农村创业致富带头人培训；原建档立卡贫困人口全部纳入基本医保、大病保险、医疗救助覆盖范围；全市易地扶贫搬迁项目资产全部确权，确权率位居全省第一。持续激发农村发展活力，推进灵丘国家级和左云、新荣2个省级合作社质量提升试点县建设，创建国家级示范社17家。持续改善农村人居环境，农村人居环境“六乱”整治百日攻坚专项行动取得全省第二名的好成绩。

打好了产业转型的大会战

资源型城市全方位推动高质量发展，必须迈过经济结构转型升级这道坎，根本任务就是产业结构转型升级。大同在推进产业转型过程中，坚持以提高质量和效益为中心，全局统筹、因地制宜，加快构建现代产业体系，资源优势正在加速转变为可持续的经济优势、竞争优势、发展优势。

传统优势产业重整旗鼓。坚决抛弃“捡到筐里都是菜”的观念，发展传统产业既讲数量更讲质量。在煤炭煤电产业上，以绿色发展理念扬“煤”所长，充分发挥其“稳盘托底”作用。煤炭智能绿色开采和清洁高效利用全面提高，两座千万吨矿井列入国家首批智能化示范建设煤矿，全国唯一煤矿领域工业互联网二级节点示范在晋能控股全面启动；加大煤矿产能核增工作力度，煤炭产量再创历史新高，彰显了能源保供的大同担当。在装备制造业上，智能化、高端化水平不断提升。我国首条超高速低真空管道磁浮交通系统全尺寸试验线在阳高县落地开工；国内首台氢燃料电池机车上线，标志着我国铁路机车装备驶入全球氢能技术高地。

能源革命纵深推进。认真落实建设全省能源互联网试点部署要求，全速推进能源互联网试点园区建设。大力推动晋能控股集团风光火储一体综合能源外送基地和秦淮大数据源网荷储一体化建设。有序布局风力、光伏发电项目，云冈区、灵丘县入列全国整县光伏开发试点名单，全市新能源装机规模占全省的五分之一。浑源抽水蓄能电站建设稳步推进，国网时代华电大同热电储能、大同启迪云冈井田50MW压缩空气储能、晋能控股大同新型储能电站、天镇源网荷共享储能电站等4个项目入选全省首批“新能源+储能”试点示范项目名单。积极开展地热能示范应用，天镇高温地热资源科研示范试验电站项目试验发电。

战略性新兴产业抢占高地。坚持集群化、规模化发展方向，围绕产业链打造创新链，围绕创新链布局产业链。通用航空加快发展，大同轻型飞机制造有限公司成功销售5架C42E型飞机，生产5架长鹰蜜蜂4号飞机，40公斤级涡喷发动机实现规模化量产；晋北地区低空飞行服务站投入试运行。现代医药集聚发展，成功举办第十四届中国医药战略大会，全市医药产业产值突破140亿元。新材料产业稳步发展，上海中能生物基新材料（中国）产业园落地大同，尚镁科技、惠谷嘉旭、泽源生物等新材料生产线投产。

数字经济步步为营。引进秦淮“零碳数基·桃花

大同长鹰蜜蜂飞机

·特别关注·

2021年（第十四届）中国医药战略大会在大同开幕

2021年12月25日，由中国医药工业信息中心主办，大同市人民政府、山西省工业和信息化厅、山西省卫生健康委员会共同支持的第十四届中国医药战略大会在大同开幕。

本届大会以“绿色创新突破”为主题，聚焦医药行业各领域未来发展和变革中的机会，通过系列专题论坛、研讨、座谈等，为中国医药行业及产业发展问诊把脉、共谋良策。在主论坛上，国内医药领域专家、企业高管、创新产业领军人物聚焦“赋能转型，把握医药创新机遇”“自主创新，增强产业链供应链”等主题展开高端对话。此外，论坛还发布了《中国健康产业蓝皮书（2021版）》《大同市医药健康产业发展白皮书（2021）》，揭晓了“2021年中国创新力医药企业榜单”。

源”、京东“6+1”、中联绿色大数据产业基地、金划算数字经济产业园等重大项目，基本形成了数据制造、标注、清洗、呼叫、人才培训等全产业链集群发展格局。在用数据中心机架和投运服务器的数量在全省的占比分别达到64.3%、68.5%。山西孵化创新平台软件和信息服务集聚区入选省级现代服务业集聚区。积极提升电

·特别关注·

秦淮数据山西项目入选省定省管首批重点工程

2021年，秦淮数据集团的环首都·太行山能源信息技术产业基地项目入选2021年省定省管重点工程（第一批）项目，这是坚持绿色、可持续发展，从多方面着手实现碳中和目标的标杆案例。

秦淮数据环首都·太行山能源信息技术产业基地位于灵丘县新兴产业园区，规划总投资150亿元。该项目可提供网络、云计算、设施运维、IDC数据服务等，支持全球数字领导者AI人工智能算力基础服务，单栋数据中心IT容量达50MW，包间颗粒度超过18MW，是目前亚洲最大的单体超大规模数据中心。

·特别关注·

大同长城等“山西好风光”亮相进博会

2021年，山西省文旅厅以第四届中国国际进口博览会为契机，在上海举办了以“华夏古文明 山西好风光”为主题的山西省文化旅游推介会，云冈石窟景区、大同长城等作为大同的亮丽文化名片被重点推介。其中，左云摩天岭长城公园项目作为重点文旅项目进行推介。

近年来，大同全力推进长城板块旅游开发，左云摩天岭长城公园项目是精心打造的特色化、差异化、精品化的旅游产品，着力打造“赛道＋营地＋长城＋乡村体验”的综合性旅游景区，创建集越野赛道、房车营地、乡村体验、冬季滑雪等深度体验功能于一体的综合性公园，致力于推动越野文化的发展。

子商务发展水平，获批4家省级直播电商基地试点。

文旅产业全域驱动。积极打造“云冈、恒山、古城、长城”四大核心板块，编制《大同市全域旅游发展规划》。云冈峪历史文化长廊建设稳步推进，恒山5A级景区创建蹄疾步

灵丘县红石塄乡龙渠沟社区村民表演大型实景剧《龙渠沟的老百姓》。

稳。大同古城内实施府衙修复、古城历史文化街区修复等项目，引进两个高端品牌酒店，“博物馆之城”建设取得新进展。积极推进长城国家文化公园（大同段）建设，长城一号旅游公路北线段全线贯通，天镇县李二口长城遗址保护利用项目和长城博物馆建设项目成功入选国家“十四五”时期文化保护传承利用工程储备库，平型关大捷景区和李二口长城景区升级为4A级旅游景区。打造8条全域旅游线路，叫响“清凉古都·消夏大同”全域旅游品牌。

农业生产高效实进。全力推动农业“特”“优”发展，农产品精深加工产业发展势头良好。恒宗集团北方医药市场投产运营，同药集团中医药文化园建成运行，“北肉”冷链加工产业园一期项目竣工投产，成功召开2021年晋北肉类平台境内外集采集供大会。2021年，全市农产品加工业销售收入达到154亿元、同比增长24%，其中农产品精深加工十大产业集群实现产值80.8亿元，“大同好粮”区域公用品牌知名度和影响力进一步扩大。大力建成高标准农田，发展有机旱作农业，全年粮食产量再创历史新高。

打好了改革开放的攻坚战

改革开放是全方位推动高质量发展的动力源泉。大同紧紧围绕“两枢纽、一中心、两门户”的定位，着力解决事关全局和长远发展的重大问题，在攻坚克难中实现了经济发展进位提质。

以持久之功释放改革红利。“承诺制＋标准地＋全代办”制度全面实行，实现了无审批前置要件的突破。“三化三制”改革稳步推进，大同经济技术开发区完成体制机制重塑性改革，全市7个开发区均实行管运分离或市场化、专业化运营。积极推进部门管理企业脱钩改革，正常生产经营企业公司制改革全部完成。完成“三供一业”维修改造，建立国有企业退休人员社会化管理常态化交接制度。开通国资国企在线监管大数据平台，实现对市属国企动态监管。落实“双降”要求，坚决遏制新增政府隐性债务，积极稳妥化解存量债务。

以战略之策提升开放水平。抓住北京非首都功能疏解有利契机，与大企业大集团建立深度合作关系，加速融入京津冀协同发展。大同机场航空口岸通过省级验收，大同国际陆港与天津港建立陆海联运物流通道，“北肉”进出口平台和B型保税物流中心建成运行；全面铺开跨境电商综试区建设，建成两个跨境电商产业园区，搭建跨境电商综试区公共服务平台；集大原高铁全面开工，大同开放平台能级显著提高。

以务实之为培育市场主体。充分发挥中关村智造大街大同公共服务平台、大同企业离岸创新孵化基地等创新平台作用，对接首都重点实验室271家，共享首都先进科技研发设备，服务企业创新发展。减税降费扎实落地，分项目落实税费优惠政策，实现全链条管理。出台关于实施市场主体倍增工程意见41条和强化要素服务保障若干措施77条。引导金融机构加大对实体经济支持，组织市县两级工作专班深入“四上企业”开展入企服务，解决问题诉求、提出要素保障解决方案，企业发展信心显著增强。

以担当之责扩大有效投资。大同牢固树立项目是第一支撑的理念，充分发挥投资跨周期调节和稳增长的关键性作用，聚焦重点工程项目，实行领导包联、例会调度、专班推进等工作制度，大力开展项目建设“冬季行动”“奔跑行动”。有效投资持续扩大，开发区“三个一批”接续推进，2021年产业投资占全市投资比重达到43.7%。

以科技之力厚植创新沃土。二氧化碳补集利用项目完成中试，填补了国际转化利用空白。中科院工程热物

理所大同分所获批山西省新型研发机构。中车大同氢燃料电池混合动力机车等3项产品列入全省创新产品和服务推荐目录，北方天力成功申报省级制造业单项冠军产品。持续强化企业创新主体地位，规上工业企业研发机构实现全覆盖，两家企业入选国家级重点“小巨人”企业名单。

以亲清之心优化营商环境。对标“三无三可”要求，推动“证照分离”改革全覆盖，公示大同“证照分离”改革事项清单，做到清单之外无审批，同步深化“一枚印章管审批”“一门集中、一网通办”“一件事一次办”集成服务改革，安商亲商富商在云中大地蔚然成风。社会信用体系建设深入推进，全面拓展“信易+”应用场景，创建全省首个“诚信示范社区”，大同“信易贷”发放贷款量、在全国城市信用监测的排名，均位列全省第二。

以非常之举提速城市更新。大力实施智慧城市建设工程，市智慧城管平台与住建部国家平台联网对接。大力推进公交车电子站牌应用，数据治理初见成效，大同入选全省第一批新型智慧城市试点市。大力推进城镇老旧小区改造，深化“两下两进两拆”专项整治，持续推进“三供两处理”效能建设，城市面貌和居民生活品质明显改善。

打好了生态环境的保卫战

绿水青山就是金山银山。大同深入贯彻习近平生态文明思想，坚持生态惠民、生态利民、生态为民，一体推进治山治水治气治城，进一步擦亮了高质量发展底色。

扎实开展碳达峰大同行动。组织10家重点排放企业完成碳排放权交易配额预分配，夯实“双碳”工作基础。积极培育碳经济新业态，建成大唐云冈热电千吨级二氧化碳捕集转化项目全产业链工业化示范基地，推进中绿环保科技碳排放监测项目建设。加快推动大宗固废综合利用基地试点建设，强力推进能耗“双控”工作。

深入落实黄河流域生态保护和高质量发展战略。“引黄入左”大型水利工程前期工作进展顺利。统筹落实河湖长制六大任务，建立“河长＋检察长”联动机制，云州区水系连通及水美乡村试点列入全省30个试点县之一。深入开展国土绿化行动，高质量推进京津风沙源治理、矿山生态修复、造林绿化各项工作。

持续巩固生态优势。坚持“转型、治企、减煤、控车、降尘”五管齐下，全年二级以上优良天数315天，空气质量排名全省第一，成为全省唯一连续两年达到国家二级标准的城市。开展“治水监管百日行动”，

·特别关注·

2021年大同空气质量全省排名第一

2021年，大同全面贯彻落实“绿水青山就是金山银山”的发展理念，围绕打赢“蓝天、碧水、净土”三大保卫战，不断加强生态文明建设，大气环境质量再次全省夺冠。

全年全市优良天数达到315天，空气质量优良率86.3%；PM2.5平均浓度28微克/立方米；空气质量综合指数3.84，空气质量全省排名第一，是全省连续两年唯一达到国家环境空气质量二级标准的城市。空气质量在全国168个重点城市中，由上年的117名晋升到72名，晋升了45位。

部分主要河段重现“桑干夕照、鸟飞鱼翔”的美丽画面。积极倡导绿色低碳生产生活方式，利用“世界环境日”“全国节能宣传周”等重要时间节点广泛开展宣传教育，引导全社会共同呵护赖以生存的美丽家园。

打好了改善民生的持久战

悠悠万事，民生为大。大同坚持以人民为中心发展理念，认认真真办好每一件民生实事，踏踏实实做好普惠性、基础性、兜底性民生建设，让百姓共享高质量发展成果。

稳保就业更富实效。着力抓好重点群体就业，建立大同市青年人才驿站，零就业家庭全部动态清零，全市城镇就业、农村劳动力转移就业目标任务超额完成。引进

省级美丽乡村示范村——灵丘县下北泉村

落地京东物流、上海润迅等一批实力企业，数据采集、清洗、标注等服务产业形成集聚规模，吸引了一大批青年才俊。全民技能提升工程以及“1+X”证书制度试点建设等工作成效显著。

教育体系更具质量。推进“双减”落地落实，线下学科类校外培训机构压减率、资金监测监管率均达到100%，义务教育阶段课后服务实现全覆盖，普惠性幼儿园覆盖率位居全省第一。

人民健康更有保障。坚持“外防输入、内防反弹”总策略，圆满完成新冠疫苗接种“百日攻坚行动”和“扩大免疫行动”，取得守好“大同阵地”和当好“首都护城河”双胜利。三级医院实现城市核心区域全覆盖，“互联网+医疗”诊疗模式基本形成，县乡医疗一体化改革“阳高模式”“大同模式”在全省推广。智慧居家和社区养老服务平台建成运营，“大同助老”模式

·特别关注·

“大同助老”智慧居家养老服务挺进上海

2022年1月8日，大同助老健保有限公司自主研发的“398贴心保”正式落户上海智慧养老服务运营中心，上海第一条智能化孝老快助服务专线同步开通。“大同助老”成功将助救、助医、助餐、助购、助洁、助行“六助”服务模式送进上海，标志着“大同助老”智慧居家康养模式迈出了走出山西、走向全国的新步伐。

“大同助老”运用自主研发、拥有知识产权的适老设备“398贴心保”，通过398智慧养老云平台、24小时呼叫中心以及社区助老服务站、助老服务员，为老年人搭建起线上线下无缝对接的居家养老服务体系。2021年9月，“大同助老”被国家发改委列入全国首批（14个）运用智能技术服务老年人示范案例。

成为全国首批14个运用智能技术服务老年人典型案例之一。

社会保障更趋健全。全民参保计划实现法定人群全覆盖。保供稳价任务全面落实，健全全市粮食和物资储备协调机制，原粮、猪肉、冬春蔬菜等各类生活必需品供应充足。强化重要商品价格监测和预警预测，居民消费价格指数为5年来最低。

文化事业更加繁荣。舞

大同古城市民在华严寺广场晨练。

歌舞剧《北魏长歌》亮相第六届全国少数民族文艺会演。

蹈诗剧《天下大同》作为山西唯一入选的庆祝建党百年进京展演剧目，在国家大剧院成功演出。歌舞剧《北魏长歌》作为山西唯一参演剧目，正式亮相第六届全国少数民族文艺会演，获“圆梦奖”优秀剧目奖。扎实推进文明城市创建“十大提升行动”，以优异成绩入围2021—2023年创建周期全国文明城市提名城市。

三、六路齐驱并进，再焕发展荣光

今后5年，大同将围绕“产业长级、乡村振兴、生态文明、对外开放、城市更新、民生保障”六大任务，一年一个新台阶，十年全方位跨越，坚决把人民对发展的期盼、对富裕的渴望落到实处。

走好传统与战新双轮驱动的产业升级之路

加快产业转型是高质量发展的关键所在。按照“传统产业内涵集约、战略性新兴产业集群规模”的发展方向，坚持建链延链补链强链的“链”式思维，坚定不移推进煤炭绿色智能开采和清洁高效利用，集中力量培育壮大战略性新兴产业，着力建设煤炭、电力产业1个千亿级，装备制造、现代医药2个300到500亿级，新能源、大数据、文化旅游3个百亿级，新材料、通用航空、节能环保、现代物流4个准百亿级产业集群，基本形成“1+9”千百亿级产业集群格局，成为全市经济发展的骨干支撑，资源型经济转型实现重大突破，经济增长方式由“输煤炭”向“输算力”、由“一煤独大”向“多业鼎立”加快转变，基本形成具有大同特色的现代产业体系。

走好稳农与强农相辅相成的乡村振兴之路

乡村振兴是高质量发展的重要基础。大同将拿出更多投入倾斜“三农”领域，坚守耕地红线不动摇，确保土地承包经营权长期有效；巩固来之不易的脱贫攻坚成果，坚决守住不发生规模性返贫的底线；全面推动农业“特”“优”发展，坚持以绿色、有机、低碳理念引领农业，用市场化、工业化、标准化思路发展农业，用好农牧交错带示范区、有机旱作农业示范区和“北肉”平台3块金字招牌，推动黄花、畜牧、设施蔬菜、有机旱作（杂粮）、中药材（黄芪）、食用菌、杏果、农文旅融合八大特色主导产业形成规模，全产业链产值达到350亿元；坚持规划作先导、文化铸灵魂，统筹抓好传统文化村落保护、新时代农村人居环境改善、美丽乡村建设工作，让大同到处看得见山、望得见水、记得住乡愁。

走好生态与生产相融共生的绿色发展之路

生态环境是大同的最大优势。大同将坚定不移走生态优先、绿色发展之路。积极探索“双碳”目标实现路径，推进生态产业化和产业生态化，风电、光伏、氢能、储能和地热能等绿电绿能开发利用达到一定规模；深度构建“生态+”经济发展模式，实现“生态可为”到“生态有为”的历史跨越；坚持山水林田湖草沙系统治理，全面落实“河长制”“林长制”，强化采煤沉陷区矿山生态治理，努力建设“一带两屏六区多廊”生态安全格局，森林覆盖率每年至少提升0.5个百分点。让蓝天白云、青山绿水、鸟语花香成为大同人的骄傲。

·知识链接·

“一带两屏六区多廊”：“一带”指桑干河生态带，“两屏”指晋北地区高原风沙源治理生态屏障、恒山水源涵养与水土保持生态屏障，“六区”指七峰山、丰稔山、桑干河、六棱山、恒山、太白山生态控制区，“多廊”指十里河、南洋河—白登河、浑河、壶流河、唐河等多条生态廊道。

走好产业与人口竞相汇聚的开放共赢之路

对外开放是提升经济发展能级的现实选择，是全方位推动高质量发展的必由之路。大同将紧紧盯住北京产业转移，持续深化京同合作，以更加务实的举措推进乌大张合作、对接京津冀、融入环渤海，更加精准对接“双循环”市场需求，持续拓展对内对外开放合作成果；高标准建设晋北城镇圈，强力抓好国土空间规划、交通枢纽建设、开放通道延伸、跨境产业合作工程，把大同建设成文化交流活跃、先进要素聚集、各类人才向往、企业竞相入驻的“开放城”“枢纽城”“中心城”“人口集聚城”，努力建设内陆地区对外开放的桥头堡和新高地。

走好古城与新区交相辉映的城市更新之路

古城是大同人民的精神家园，新区是大同未来发展的活力之源。按照“规划先行、政府引导、市场运作、社会参与”的思路，坚持古城与新区各有侧重、协调发展，让古城更有韵味、新区更有品位。聚焦“传承历史文脉、留住市井气息、丰富古城业态”的目标，古城保护修复3年基本完成、5年全面完善，让古都大同再现恢宏历史风貌；高起点规划古城产业布局，让大同地域文化深深熔铸于每个产业链条当中，加快建设博物馆之城、美食之城、数字之城、影视之城；树牢“以产兴城、以城促产、产城融合”的理念，高品位加快御东新区建设，持续提升公共服务水平，依托文瀛湖、高铁南站、“五大场馆”等，建设更多的“城市客厅”“会展中心”“中央商务区”，大力发展楼宇经济、总部经济、研发经济等新业态，努力建设集商务、科创、会展、休闲等功能为一体的现代活力新区。

走好共建与共享相互促进的共同富裕之路

共同富裕是高质量发展的最终目标。大同将把改革发展的成果更多地惠及群众，深入践行以人民为中心的发展思想，以共享引领共建，以共建促进共享，在不断做大“蛋糕”的同时，更加注重分好“蛋糕”。就业是最大的民生，以产业结构调整引领就业结构优化，持续发展壮大数据服务产业，力争通过5年努力增加3万个就业岗位，以此引导社会力量不断创优增收致富的环境和平台，以“人人奋斗”实现“人人享有”，在高质量发展中促进共同富裕；持续加大教育、医疗、社保等民生投入，织密扎牢民生兜底保障网络，推动优质均衡的公共服务体系基本构建，全覆盖可持续的社会保障体系更加完善。切实抓好全国市域社会治理现代化试点城市建设，着力构建全民共建共治共享的社会治理格局，让全市人民生活得更加富足、更加安康、更有尊严。坚持文化是核心、文明是载体、微笑是形象的理念，全力以赴

创建全国文明城市，让“文化大同、文明大同、微笑大同”成为大同新的名片。

前进的路上没有坦途，唯有不懈奋斗、不怕流汗，才能爬过一道道沟、越过一道道坎。大同将坚持党中央和省委要求与人民群众期盼相结合、深化党史学习教育与用好大同文化资源相结合、干部专业化与人才高端化相结合、强化宏观指导与做实微观服务相结合、建立工作体系与构建工作闭环相结合、树立正确用人导向与推进干部能上能下相结合、提升精气神与整治庸懒散相结合，把广大干部群众的智慧和力量凝聚起来，以争先进位富民强市的新业绩、全方位推动高质量发展的新成效，开创大同更加美好的明天！

第三章

塞上绿都绽新姿

——全方位推动高质量发展朔州篇

朔州地处晋蒙交界的内外长城之间，永定河流域桑干河上游，西北毗邻内蒙古自治区，南扼雁门关隘，地貌轮廓总体上是北、西、南三面环山，山势较高，中间是桑干河冲积平原，相对较低，属温带大陆性季风气候，自古就是中原农耕文明和草原游牧文明交流融合的重要通道。朔州平均海拔1000米，寒来暑往，四季分明，是全国避暑胜地和京津地区避暑休闲的“后花园”。几千年来，各民族迁徙往来、交流互鉴，守望相助、共同发展，在这方古老的土地上，创造了包容多元、各竞其秀、和谐共生、辉煌灿烂的历史文化。

作为新兴资源型城市，朔州具备厚重的人文底蕴、得天独厚的资源禀赋、良好的生态基础，孕育了宝贵的右玉精神，拥有改革开放的传统和基因，有条件、有能力走出符合朔州实际的高质量发展之路。朔州按照省委全方位推动高质量发展目标要求，大力弘扬右玉精神和改革开放精神，全力打造“四大高地”，加快建设现代化的塞上绿都。

一、争先进位抬标杆，全力打造四大高地

朔州高举习近平新时代中国特色社会主义思想伟大旗帜，认真落实山西省第十二次党代会精神，牢记初心使命，坚定理想信念。朔州市第七次党代会提出要大力弘扬右玉精神和改革开放精神，全力打造“两山”理论实践高地、转型综改示范高地、能源革命创新高地、农牧融合发展高地，加快建设现代化的塞上绿都，在全方位推动高质量发展中争先崛起。

弘扬右玉精神。右玉精神是中华人民共和国成立以来，在中国共产党领导下，右玉干部群众迎难而上、

右玉精神丰碑

艰苦奋斗，一任接着一任干、一张蓝图绘到底，在治沙造林、改善生态、脱贫致富的伟大实践历程中孕育形成的。习近平总书记先后六次对右玉精神作出重要指示批示，朔州儿女备受鼓舞。朔州毫不动摇坚持和加强党的全面领导，以右玉精神涵养政治生态、引领社会风尚，带动党员干部见贤思齐、争当干事创业的表率，带动广大群众自觉当好右玉精神的传承人，把右玉精神这面旗帜在朔州大地高高举起。

弘扬改革开放精神。朔州因改革开放第一家中外合作企业安太堡露天煤矿而建市，伴随着改革开放的步伐应运而生，沐浴着改革开放的荣光一路走来，是名副其实的改革开放试验田。朔州持续擦亮放大改革开放时代印记，从改革开放基因中汲取前行力量，以敢为天下先的魄力推动改革开放再出发。坚定不移全面深化改革开放，着眼国内国际双循环审视和谋划自身发展，进一步塑造开放包容的城市特质，让改革开放精神成为朔州的响亮名片。

全力打造“两山”理论实践高地。作为右玉精神的发源地，既要打造红色精神高地，也要打造绿色发展高地，让“绿水青山就是金山银山”在朔州大地得到生动诠释。把生态文明建设摆在重要战略位置，扛起涵养永定河源头地区生态的政治责任，坚持山水林田湖草沙系统治理，让绿色成为朔州发展的鲜明底色。加快生态产业化、产业生态化，依托良好生态厚植发展优势，走出一条生产发展、生活富裕、生态良好的文明发展道路。

全力打造转型综改示范高地。转型综改试验区是党中央授予山西的金字招牌，工业固废综合利用示范基地建设是朔州的国家使命。用足用好政策优势，积极推动重点领域改革取得新的重要成果，加快建成清洁、安全、高效的现代能源体系，在培育多点产业支撑、多元优势互补、多极市场承载、内在竞争充分的产业体系上创造可复制可推广的经验，推动经济综合竞争力、人民生活水平和可持续发展能力再上新台阶。

全力打造能源革命创新高地。持续深化能源革命综合改革试点，以降碳为重点战略方向、推动减污降碳协同增效、促进经济社会发展全面绿色转型。加快煤炭清洁高效开发利用，大力发展风、光发电等新能源产业，打造清洁能源供应升级版。集中力量在清洁低碳安全高效现代能源体系、能源绿色低碳消费、绿色低碳技术科技攻关和推广应用等重点领域攻坚，开展微藻、光伏发电电解水制氢等减排项目应用示范。把推进能耗双控作

平鲁区北坪循环经济园区

为深化能源革命综合改革试点的核心内容，作为如期实现碳达峰碳中和的必由之路，坚决把能耗强度降下来，把能耗总量控制在合理水平。以国际工业固废综合利用交流大会为平台，建设开放共赢的能源合作体系，在能源革命综合改革试点中走在前头、当好排头。

全力打造农牧融合发展高地。朔州地处中原农耕文明和北方游牧文明交融区域，是雁门关农牧交错带核心区，历史人文厚重，边塞风情独特。坚持“特”“优”方向，推动粮经饲统筹、农林牧结合、种养加一体、一二三产融合发展，以农机农经农技为重点，加快现代农牧业上档升级。充分彰显边塞文化、西口古道、红色记忆等区域特色，推动文化、旅游、康养和农牧全域化融合式发展，再现“风吹草低见牛羊”的塞上风光。

二、桑干河畔腾飞路，全面推动绿色转型

久久为功，春华秋实。朔州历史人文厚重，边塞风情独特，著名“走西口”中的西口就是右玉县的杀虎口。作为国家现代化煤炭生产基地，朔州原煤产量位列全国地级市前茅，外送电量占山西全省的1/3。2021年，朔州新能源发电装机占比达到39.3%，风电装机规模位居全省第一。然而风力发电和光伏发电受自然因素

·知识链接·

走西口：民间所说的“走西口”中的“西口”就是山西省朔州市右玉县杀虎口。“走西口”在当时极大地加强了口外边地与内地的经济文化联系。西口文化虽不能代表全部边塞文化或长城文化，但却是边塞文化或长城文化最主要的组成部分。

右玉县杀虎口

影响较大，如何获得低碳、稳定、低廉的能源供应？作为全省能源大市，朔州正在破题攻坚。

千方百计稳增长，实现综合实力显著增强

2021年，朔州以推进转型综改为牵引，聚焦“牵一发动全身”的重点领域和“落一子满盘活”的关键环节，着力深化改革、扩大开放，以重点突破带动整体推进。

抓调度、稳增长，经济总量再攀高峰。朔州坚持稳中求进，抓生产、促投资、拓市场，煤炭产能稳定在2亿吨，先进产能提高到92%。强化经济运行调度，大力发展“四上企业”。重点抓好正常生产退库企业及时返库、新投产项目入库、商贸服务企业入库和“小升规”。积极培育市场主体，2021年新增市场主体1.74万户。全市经济呈现稳中有进、稳中提质、稳中蓄势的良好态势，实现了固定资产投资、社会消费品零售总额、工业总产值、第三产业增加值4项指标增幅全省第一。

抓产业、促转型，新旧动能加速转换。坚定不移推进转型发展，产业结构优化升级。能源产业稳定提升，新能源装机623.68万千瓦。特色农业巩固拓展，全市奶牛存栏量、鲜奶产量、肉羊出栏量、饲草种植面积、人

均畜产品占有量、人均草牧业收入6项指标保持全省第一。三次产业结构得到优化，服务业占到经济总量的“半壁江山”。高端陶瓷、新能源、碳基新材料、生物医药、文化旅游、草牧业和农产品深加工、现代服务业等非煤产业加快发展，战略性新兴产业增加值年均增幅高出煤炭行业4.7个百分点。推动陶瓷产业提档升级，9家陶瓷企业生产线实施自动化、智能化改造，荣获“中国北方日用瓷都”称号。发展新材料产业，荣获“国际工业固废大会永久会址”称号。

抓攻坚、破难题，发展动能更加强劲。转型发展迈出步伐。在全省首创“风电打捆”长协电力交易，能源革命综合改革试点取得实质性进展。农村信用社改制全部完成，农村集体产权制度改革顺利完成。怀仁撤县设市。对外开放不断扩大，连续举办“两节三会”活动。营商环境全面创优，提升企业开办便利度，压减获得电力环节和时间，优化获得用水用气流程，压缩登记财产时间，提升纳税便利度，健全办理破产机制，加大信贷支持力度，市场主体活力进一步激发。目前，全市共有市场主体15.92万户。

抓改革、重创新，内生动力充分释放。建设省级能源互联网试点市。启动建设城市级能源互联网中心平台及电力数据中心，确定第一批企业级能源互联网试点示范项目。推行开发区“承诺制＋标准地＋全代办”改革，开发区企业投资项目备案96个。深化国资国企改革，完成县（市、区）属企业脱钩和公司制改革任务。打造一流创新生态，晋坤双碳产业研究院成立，煤矸石高值利用山西省重点实验室和新型功能炭材料山西省技术创新中心获批建设，设立6000万元创新创业人才专项资金，成功举办山西·朔州陶瓷产品进出口交易会、第四届进博会走进山西（朔州）招商路演活动，高标准举办第九届国际工业固废综合利用大会、右玉西口风情生态旅游文化节等招商活动。截至2022年6月底，累计签约招商引资项目305个，计划投资1415.3亿元。

抓智能、促修复，重点领域实现突破。能源革命顺利推进，全市煤矿智能化建设项目累计完成投资7.06亿元。怀仁市、右玉县列入全国首批屋顶分布式光伏试点县。实施全国“三北”防护林、京津风沙源治理和全域绿化工程，担当首都生态屏障使命，把清风送到北京。坚持“生态立市、稳煤促新”战略，大力开展“清河行动”，累计投入资金31亿元，治理河道132公里，有效改善了永定河源头地区生态环境，截至目前，持续巩固322项清河行动成果。实施了采煤沉陷区域治理。深化大气污染防治，环境空气质量综合指数排名全省第二，优良天数首次突破300天。

实施“特”“优”战略，推动“三农”工作高质量发展

朔州围绕雁门关农牧交错带核心区、“北肉”平台主产区，大力推动农业“特”“优”发展，推动区位优势、资源优势转化为产业优势、发展优势，脱贫攻坚成果巩固，全面推进乡村振兴取得新进展新成效。

聚焦优势产业，推动农业提质增效。持续推动种养结构优化，深入实施“稳粮、优经、扩饲”工程。加快建设“六大基地”（优质肉羊、优质玉米、优质奶源、优质牧草、优质杂粮、优质蔬果），培育“四大全产业链”（百亿元乳业、百亿元肉业、50亿元粮油、50亿元蔬果），特色农业高效发展。按照全产业链开发、全政策链支持思路，初步形成100万亩杂粮、100万亩经济作物、100万亩优质牧草、100万亩高蛋白玉米4个百万亩生产基地。建成设施农业百亩以上园区200多处，成为华北重要的设施蔬菜、花卉等园艺产品生产供应基地。重点打造了朔城区枸杞、平鲁区燕麦和红山荞麦、山阴

县谷子等8个省级封闭示范片。不断提高草牧业协同发展水平，2022年6月底，全市牧草种植面积达95万亩，成立饲草社会化服务组织160个，千亩以上集中连片苜蓿基地38处，草业总收入达8亿元。农产品加工产业集群初具规模，以省级以上龙头企业为牵头，推动肉制品、乳品、保健食品、果品饮品（药茶）、饲草饲料等农产品精深加工产业集群成为实施乡村振兴的新支撑、农业转型发展的新亮点和三产融合新载体。

推进农业农村改革，提高社会化服务水平。净化农村市场经营秩序，六县（市、区）开展了农业生产托管试点，截至2022年6月底实施托管279万亩。推进农业综合执法改革，市级组建成立了农业综合行政执法队。组织各类政策宣讲活动200余次，推广主推技术25项、主导品种51个，推广面积300多万亩。深化农村改革，推进农民生活富裕富足。农村集体产权制度改革顺利推进，1799个农村集体经济组织完成股份合作制改革。应县被列为全国农民合作社质量提升整县推进试点县。全市农村集体经济组织完成了股份合作制改革工作。规范发展新型经营主体，全市各类农民合作社达到7101个，家庭农场（含规模经营户）4476个。

推进环境整治，实现农村优美宜居。创优农村人居环境。坚持绿色发展理念，开展“百村示范、千村整治”行动。重点抓好100个农村人居环境整治示范村、300个重点整治村提档升级工作。全市农村全面开展“一拆三清一改”为主要内容的村庄清洁行动，72个村被确定为省级人居环境整治示范村。怀仁市创建“五村联创”工程，受到了省委、省政府肯定。山阴县旧广武村、朔城区青钟村等12个国家级传统村落保护项目数字博物馆已经完成。推进农村生态环境保护，开展废旧农膜回收利用试点，加大对农作物秸秆综合利用。推进畜禽粪污综合利用，全市达到省级规模标准的养殖场共839家。推进美丽乡村建设。右玉县、应县、平鲁区3个县（区）被列为省级休闲农业与乡村旅游示范县；朔城区东神头村、右玉县杀虎口村等6个村成功入选为省级3A级乡村旅游示范村。“丰收中国万里行”活动中，朔城区4个村荣获最受欢迎乡村旅游地、最美丰收

盛景、最具人气特色美食和“一县一品”特色产品奖。山阴县古城村、应县石庄村被认定为全国第二批乡村治理示范村。农村面貌焕然一新，农民群众幸福感增强。

构建“中心集聚、两区一体、两翼支撑、三高拱卫”城市发展模式

金杯银杯不如群众口碑，群众说好才是真的好。坚持以人民为中心的发展思想，积极践行新发展理念，不断增强城乡建设和城市发展的整体性系统性，全力推动城市建设事业全面发展。

科学统筹城乡空间布局，城市路网结构更加优化。聚焦全省“一群两区三圈”，构建“中心集聚、两区一体、两翼支撑、三高拱卫”城市发展模式，形成以朔城区为“中心集聚”、朔城区和平鲁区为“两区一体”、平鲁区和山阴县为“两翼支撑”的三地互联产业发展格局；打造以应县为“文化高地”、怀仁为“开放高地”、右玉为“生态高地”的“三高拱卫”格局；积极对接，并布局朔城区、五寨县、神池县、偏关县、宁武县、代县六地联动城市圈，拓展朔城区对外服务产业建设。

合理规划协调强基础，城乡面貌明显改善。完成

遍布贫困区的光伏发电项目

雨污分流“海绵通道”198公里。集大原高铁全线开工，朔州机场全面开工。恢河大桥通车，建设路等6座桥梁建成，城市路网逐步优化。建成各类保障性住房29667套。投资8.27亿元，改造222个老旧小区、老旧片区。朔神高速开工建设，右平高速建成通车，高速公路通车里程达到453公里。城镇化率由53.2%提高到62.64%。建设农村人居环境示范村190个。累计营造林210.9万亩，森林覆盖率达到20.48%。市、县全部实现清洁取暖。

扎实推进民生工作，顺应人民对高品质生活的期待

朔州坚持在脱贫攻坚、教育医疗、社会保障、文化建设、平安建设等方面扎实发力，全市80%以上财政支出用于民生，城乡居民收入倍差由2.54缩小到2.25，发展不平衡不充分问题和群众急难愁盼问题有效解决，群众获得感、幸福感、安全感不断提升。

扩大就业，本固国安民乐业。就业是民生之本、安国之策。2021年，全市城镇新增就业22405人，农村劳动力转移就业24427人；城镇登记失业率1.74%，稳定控制在4.5%以内。大力推进“人人持证、技能社会”建设，建立特色劳务品牌13个，依托各类职业学校和培训机构，免费开展订单式、项目式培训，全年累计培训56013人，新增技能人才47189人。举办了“春风行动”“就业援助月”等就业招聘活动，共为高校毕业生、退役军人、失业人员、脱贫劳动力等重点群体提供就业岗位4.5万个。

教育优先，为国育才有保障。百年大计，教育为本。促进学前教育规范发展，大力整顿无证幼儿园，学前教育优质普惠步伐不断加快。有序推进学校布局调整，“建、购、转、控、租、退、保”7项措施规范民办义务教育，促进了教育均衡化发展。深入落实“双减”政策，全面推进中小学多元化延时托管服务，全面整顿课外培训机构，有效减轻义务教育阶段学生过重作业负担和校外培训负担。朔州第一所独立本科大学山西工学院成功转设招生，朔州陶瓷职业学院启动运行，高质量教育体系逐步形成。

社会保障，飞入寻常百姓家。深入实施全民参保计划，完善城镇职工基本养老保险和城乡居民基本养老保险制度，目前，城镇职工基本养老保险参保人数达到35.87万人，城乡居民基本养老保险参保人数达到90.02

日新月异的朔州经济开发区

万人。首次实施城乡居民补充养老保险制度，补充险参保人数达到89.52万人。完善城乡居民基本医疗保险制度和大病保险制度，医保基金筹集创历史最好水平，抗风险能力位居全省前列。完善失业、工伤保险制度，工伤保险实现“五统一、一调剂”省级统筹，失业保险实现了缴费政策、待遇标准、信息系统“三统一”。

病有所医，身体健康有保障。县域医疗卫生一体化改革持续推进，六县（市、区）全部组建了以县级人民医院为龙头的医疗集团，健全了“六统一”管理机制和“五统一”药品管理供应机制。积极参加国家、省以及省际联盟组织药品带量采购，260多种药品和15种高值耗材平均降价60%以上。朔州大医院基本完工，平朔医院转制市中医医院有序推进，有序提升全市公共卫生发展水平。

文化建设，群众需求更满足。组织开展了2021年“我们的中国梦”——文化进万家系列活动。围绕庆祝中国共产党成立100周年，在全社会大力营造“党的盛典、人民的节日”浓厚氛围，开展七大类50项群众文化活动。新编廉政历史剧《尉迟恭》和新编朔州大秧歌红色剧目《李林》深受好评。组织建党100周年短视频、图片、红色诵读大赛，以及主题演讲和书画作品展，群众积极参与。“五个一批”文化惠民项目累计演出1万余场次，公益电影放映2万余场次，极大地丰富了人民群众文化生活。

三、牢记嘱托绘蓝图，奋力实现争先崛起

在全面绿色转型、开创发展新篇中，朔州争当全省学习弘扬右玉精神和改革开放精神排头兵。坚持系统观念，全面贯彻新发展理念，构建多元支撑现代产业体系，实现全面绿色转型。

坚持绿色转型，打造有效支撑转型发展的现代产业体系

稳定提升能源产业。积极发展先进储能技术、信息技术和智能管理技术，构建共享储能的风光储源端一体化能源互联网。积极谋划布局“光储充换一体化”“源网荷储氢一体化”“风光火储一体化”“农牧光互补一体化”等产业示范项目，力争到2025年，新能源装机达到1600万千瓦、储能规模达到300万千瓦。

培育壮大新的支柱产业。依托北大研发中心、中石化石油化工科学研究院等科研院所，打造国家工业固废

·特别关注·

朔州文化风俗

垒旺火是朔州的传统习俗。在民间，点旺火有红红火火、旺气冲天的寓意。朔州地区每逢春节和元宵节，家家户户院落门前都要用大块煤炭垒成一个塔状，老乡们叫它旺火，以图吉利，预示新年兴旺之意。里面放柴，外面披彩花，贴上大红字条，上写“旺气冲天”等字。

“骡驮轿”的花轿装饰其图案皆具有喜庆吉祥和成双成对的意思，如双凤凰、双蝴蝶、双蝙蝠上下盘旋，两两相对组成，含有夫妻之间和和美美、相亲相爱之意；也有双鱼和双兔等，俗称“滑鱼急兔”。

秧歌戏是融舞蹈、戏曲、武术等于一体的综合性民间艺术形式，早期在广场、街头表演。其中以舞蹈为主的秧歌戏被称为“踢鼓子秧歌”，主要是在节庆和祝寿等民俗活动中表演；以演戏为主的秧歌戏被称为“大秧歌”，剧目以道教故事和民间故事为主。

综合利用示范基地。大力发展储能装备、重卡装备、智能装备等产业，推进煤电装备生产维修和钒液流电池、钠离子电池、特种机器人、光伏组件等产品的研发生产，打造能源装备制造基地。加快推进与景德镇等陶瓷产区产业合作，擦亮“中国北方日用瓷都”品牌。聚焦现代中药、创新药、原料药等关键核心技术研发，打造晋北特色生物医药产业基地。

促进现代服务业提质增效。打造煤炭交易中心和矿用品交易市场。打造集加工、配送、分拣、包装、仓储、运输、信息为一体的现代化临港综合物流园区。推动北京电子城投入运营，支持朔城区打造晋西北商业中心。依托怀仁皮革商贸优势，打造立足华北、辐射全国的皮革商贸集散地和全国知名的皮革产品交易中心。建设陶瓷集散中心、农产品批发市场、生鲜商品交易中心、大型冷库等项目。

加快创新发展，激发全方位推动高质量发展动力活力

更好发挥城市集聚辐射带动作用，推动改革和发展深度融合、高效联动。

构建一流创新生态。加快建设朔州智创城，构建“创业苗圃+孵化器+加速器+产业园”的“双创”全产业链培育体系。抓紧组建产业技术研究院，集聚创新资源，突出产业应用技术研发，强化成果中试转化和产

朔州大力发展生态畜牧产业。

业化，为传统产业升级和未来产业发展提供技术支撑。以山西工学院为龙头，联合相关高校共建一批重点实验室、技术创新中心、企业技术中心。注重培养引进优秀科技人才，加大工作生活支持保障力度，以感情留人、事业留人、待遇留人，推动华朔能源集团等4家市属重点企业做优做强。

形成对外开放新格局。发挥“一带一路”沿线区位优势，主动融入京津冀，吸引辐射晋陕蒙，深度对接山西中部城市群，构建开放型经济体系。实施“千企百展”国际市场开拓计划，支持外贸型企业扩大出口份额。支持企业开展境外商标注册、专利申请、产品认证，培育一批自主出口品牌。常态化开行中欧（中亚）陶瓷班列。以集大原高铁、朔州机场、高速公路、城际通道等为重点，打造晋西北现代综合交通运输枢纽，力争朔州机场2023年3月正式通航、集大原高铁2023年底开行北京，加快推进呼朔高铁前期工作。

提升城市承载力。构建“两区带动、全市互动、发展联动”的城市发展格局。朔城区、平鲁区要坚持“两区一体”，统筹生产、生活、生态三大布局，合理划分功能定位，推进资源优化配置，提升中心城区核心首位度。推动市区与平朔生活区互联互通。以七里河、恢河为载体打造具有塞上特色的滨河城市样板，加快建设“推窗见绿、出门见景、百米见园”城市自然风貌。以中心城区环卫一体化改革为突破，推动形成“市为主导、区为主体、共建共管共享”城市管理新格局。培育发展楼宇经济、总部经济、数字经济以及现代金融、电子商务等新业态，提升城市品质、形象和影响力。

突出以人为本，促进共同富裕

坚持以人民为中心发展思想，把促进共同富裕作为为人民谋幸福的着力点。巩固拓展脱贫攻坚成果，以产业振兴为龙头，聚焦市场主体，壮大龙头企业，打造省域平台，大力推进“企业+农户”等生产模式，带动农民就业增收。充分运用电商平台，让优质农产品卖出好价钱。培育新型职业农民队伍，实施农村集体经济组织带头人培育工程。多措并举提高居民收入水平。大力实施就业优先战略，实现更高质量和更充分就业。积极构建职业技能培训体系，加快培养高素质技能人才，让人人都能成才、个个才尽其用。加强农村精神文明建设。持续不断增进民生福祉。坚持教育优先发展，深入推进职业教育特色融合发展。完善公共卫生服务体系，以朔州大医院为龙头，建设区域医疗中心，让人民群众真正

右玉生态绿化

看得起病、看得好病。广泛开展爱国卫生运动。全面实施全民参保计划。大力发展慈善事业。

建设文化强市，激发共同奋斗的强大精神力量

围绕举旗帜、聚民心、育新人、兴文化、展形象使命任务，发挥文化资源优势，加快建设文化强市，不断提升文化软实力。严格落实意识形态工作责任制，牢牢把握意识形态工作领导权。建强用好“学习强国”朔州学习平台，推进媒体融合发展，多角度、多层次、全方位讲好朔州故事、传播朔州声音，凝聚起强大的正能量。建好用好新时代文明实践中心（站、所），不断丰富群众文化生活。巩固国家公共文化服务示范区创建成果。建好用好博物馆、图书馆、群艺馆、体育馆、科技馆等公共文化设施，实现市县乡村四级基本文化设施全覆盖、数字文化平台全贯通、基层文化服务全开展。广

泛开展全民健身活动，扎实推动文旅融合发展。挖掘厚重的长城文化、丰富的生态资源、独特的避暑环境“三大优势”，抓好朔州老城景区品质提升、桑干河文化旅游带打造、长城国家文化公园建设、右玉生态文化旅游示范区提档升级“四大工程”，打造右玉红色文化、应县佛宫寺释迦塔、广武长城、西口古道、安太堡露天煤矿、峙峪猎马人、崇福寺、金沙滩、神头湿地、玉龙赛马等“十张文旅名片”，构建“文旅+”产业融合体系。

推进民主法治，加快治理体系和治理能力现代化

深入贯彻落实习近平法治思想，坚持党的领导、人民当家作主、依法治国有机统一，不断巩固拓展生动活泼、安定团结的政治局面。依法加强人大对“一府一委两院”的监督。加强和改进人民政协工作。坚持大统战工作格局，巩固和发展最广泛的爱国统一战线。健全完善基层党组织领导的基层群众自治制度机制。加强工会、共青团、妇联等群团组织建设。深入推进军民融合，开创军政军民团结新局面。以更大力度推进和深化法治朔州建设。扎实推进法治政府建设，深化司法体制综合配套改革。以更大力度加强和创新社会治理，努力

美丽的右玉雪景

建设更高水平的平安朔州。坚持和发展新时代“枫桥经验”，提升基层治理水平。加强和改进信访工作。

右玉精神和改革开放精神是朔州的两大精神标识，朔州从右玉精神和改革开放精神中汲取力量，全力打造“四大高地”，加快建设现代化的塞上绿都。

这是绿色低碳能源体系初步建立、支撑转型的现代产业体系加快形成的绿都，全市整体实力将步入全省第一方阵；这是自然生态和谐优美、人文生态坚实厚重的绿都，天更蓝、山更绿、水更清、环境更美好，塞上独有的人文风貌为人所熟知、所向往；这是创新要素充分涌流、充满发展动力活力的绿都，一大批重点领域改革走在前列，对外开放合作更加广泛密切，创新生态不断厚植；这是全社会共建共治共享、治理效能充分释放的绿都，城市竞争力辐射力带动力显著增强，城乡一体化发展水平显著提升；这是人民幸福指数不断提高、逐步迈向共同富裕的绿都，正在把人民群众对美好生活的向往变为现实！

第四章

秀容大地著新章

——全方位推动高质量发展忻州篇

忻州，古称“秀容”，是一座有着两千多年历史的人文古郡，更是山西省版图中最大的地级市。这里拥有佛教圣地五台山、九塞之首雁门关等5A级旅游景点，亦有忻州古城、老牛湾景区等备受关注的文旅融合新地标；这里拥有中国摔跤之乡、中国八音之乡、中国杂粮之都、国家全域旅游示范区创建市、国家卫生城市、国家园林城市、国家“双拥”模范城等一系列城市名片，更有平安中国建设示范市、全国文明城市等金字招牌。

山西省第十二次党代会以来，在省委的坚强领导下，忻州市委牢记领袖嘱托，强化“发展是硬道理、业绩是新担当、交账是军令状”的工作理念，坚持以清晰的思路、务实的举措、科学的目标统筹疫情防控和经济社会发展，秀容大地处处呈现自觉追求、真抓实干的生机活力，发挥后发优势、实现转型跨越成为忻州举市探索的高质量发展之路。

一、凝心聚力绘蓝图，以坚定的历史自觉和准确的战略定位引领发展

2017年6月，习近平总书记视察山西、来到忻州，发出了“希望乡亲们同党中央一起撸起袖子加油干，让好日子芝麻开花节节高”的响亮号召。牢记领袖嘱托，忻州全市上下抢抓发展机遇，主动在融入国省战略中话发展，坚持在明晰历史方位中谋未来。

放眼全国看忻州，在国家战略版图上，忻州的坐标方位逐渐显露

近年来，党中央作出了实施“一带一路”、推动中部地区高质量发展、加强黄河流域生态保护和高质量发展、加快京津冀协同发展、建设雄安新区等重大战略部署，新的历史方位、新的发展格局为革命老区、欠发达地区提供了全新的机遇，产业创新、政策引领、区域协同让忻州全方位推动高质量发展有了大显身手的舞台。

站在全省看忻州，在山西发展布局中，忻州的使命地位更加凸显

2021年7月山西省委提出“要推动太原往北、忻州

往南发展，构建太原—忻州经济发展带”；9月省委指出“要推进太原和忻州协同联动发展，更好融入京津冀协同发展和服务雄安新区建设”；10月山西省第十二次党代会提出要形成“一群两区三圈”的城乡区域发展新布局，特别是“重点建设太忻经济区，加快打造山西中部城市群发展的‘北引擎’，打造山西融入京津冀和服务雄安新区的重要走廊”；12月省委十二届二次全会暨省委经济工作会议提出“太忻一体化经济区要强势起步”。至此，省委站在推动山西中部城市群高质量发展、主动融入京津冀协同发展的高度，为忻州送来了“登高的梯、出海的船”。太忻一体化经济区历史性地构建了忻州在全省发展版图中的新方位，忻州在全省的使命地位逐渐凸显，战略作用更加关键。抓好太忻一体化经济区建设成为忻州全方位推动高质量发展的底气所在、信心所在、动力所在、希望所在。

·特别关注·

雄忻高铁：东出太行天地新

雄忻高铁是省内第一条真正意义上的高铁。它跨越太行山，东起雄安新区雄安站，西至大西铁路忻州西站，设计时速350公里，全长342.661公里。山西省境内的114.867公里都在忻州，途经五台山风景名胜区、五台县、定襄县、忻府区，将新建五台山风景名胜区站、五台县站、定襄北站。项目建成后，从忻州到雄安乘坐高铁大约1个小时，从太原到北京乘坐高铁也仅需1.5个小时，将使忻州名副其实成为京津冀的“桥头堡”和“后花园”，将加快推进山西中部城市群建设，融入京津冀协同发展战略。

立足形势看忻州，在历史前进潮流中，忻州的发展定位日益清晰

多重机遇、各方支持，忻州的发展比以往任何一个时期都自觉、主动、有力。

分段分期看忻州：忻州正处于现代化建设的布局调整期，一批重大产业项目、基础设施项目在调整中落地、建设，将有力促进产业布局优化和经济社会各项事业发展。忻州正处于经济高质量发展的攻坚期，改造升级传统产业、培育壮大新兴产业，建链延链补链强链，体制机制持续创新，将从根本上解决制约高质量发展的深层次问题。忻州正处于城乡融合发展的深化期，中心城市、县级城镇、中心集镇、宜居乡村的基础设施、社会事业一体化推进，深度融合已进入新的阶段。忻州正处于社会治理的提升期，社会化、法治化、智能化、专业化治理体系不断完善，安定和谐的态势更加稳固。忻州正处于蓄势迸发的奋进期，产业集群效应进一步彰显，全面脱贫、全面小康的支撑效应全面释放，以创文、创园、创卫凝聚的精气神日益强劲。

二、步履铿锵足音强，以强烈的历史担当和清晰的发展思路勇创佳绩

忻州以清醒的判断、坚定的态度、果敢的抉择、务实的举措，在新征程上给出了全方位推动高质量发展的忻州答案。

彰显特色，打造产业发展新标杆

·知识链接·

“8+6”产业集群

重点培育发展半导体、大数据融合创新、光伏、碳基新材料、特种金属材料、煤机智能制造、现代医药和大健康、节能环保8个标志性、引领性产业集群。

聚力打造杂粮食品、中药材、肉制品、饮品（药茶）、酿品、保健食品（功能农产品）六大农产品精深加工产业集群。

忻州坚持将独特的、稀缺的、珍贵的优势转化为抢占先机的资本、赢得竞争的筹码，以打造“8+6”产业集群为牵引，逐步构建出优势产业亮点频现、新型产业活力强劲、三次产业齐头并进的良好发展局面。

“小杂粮”作出“大文章”。杂粮是忻州最具资源优势的特色产业。忻州坚持把杂粮产业作为战略性产业和调整农业产业结构的主攻方向，走好绿色生态路，打出特色优质牌。

优化产业布局。全力打造了杂粮产业十大片区，

种植杂粮四大类20余个作物种类，种植面积超过360万亩，年产量7亿公斤以上，优质品种200多个，均居全省之首。谷子、糜黍、甜糯玉米等种植面积和产量位居全省第一，莜麦、马铃薯等位居全省第二。打造占地1100余亩，包含七大板块的“中国杂粮之都”产业融合园区。园区已成功申报国家级农村产业融合发展示范

·特别关注·

忻州杂粮飘香雄安新区

2022年2月14日，“忻州杂粮走进雄安”展销活动在雄安新区启动。来自忻州14个县（市、区）的150余家农业企业，带着10个大类300余种特色农产品，走进雄安新区白洋淀不夜城开展面向京津冀的主动营销活动。这次活动中，忻州用丰富的品种、优质的产品、最好的服务，让广大消费者品尝忻州杂粮的独特味道，爱上忻州杂粮做成的美食，助力雄忻两地相向发展、协同发展和融合发展。期间，参展企业销售总额达到1459.23万元，签订各类订单合同86份，合同金额18769.93万元。

静乐县从2011年引进藜麦并试种成功，2013年静乐县正式被中国食品工业协会和花卉食品专业委员会命名为“中国藜麦之乡”。图为藜麦丰收后，农民露出了灿烂的笑容。

园，被国家发改委列入第三批国家农村产业融合发展示范园创建名录。

狠抓龙头产业。着力培育巩固百小企业，大力发展“龙头企业＋合作社＋农户”经营模式，全力推进杂粮产业提档升级。截至目前，培育杂粮食品精深加工企业82家、杂粮出口企业15家、省级龙头企业14家、市级龙头企业37家；创建省级杂粮产业化联合体5个，发展杂粮合作社1550多个，吸收带动种植户55万余户；杂粮商品率达到70%以上。

加强品牌塑造。在忻州境内，中国甘甜红薯之乡、中国甜糯玉米之乡、中国亚麻油籽之乡、中国藜麦之乡、中国红芸豆之乡、中国高原莜麦之乡、中国黍米之乡等如珍珠般洒落其间。忻州抓住地方优势，注册发布“忻州杂粮”“忻味道”两个市域公用品牌，培育“五台斋选”“静乐生活”“滹源味道”等10个县域公用品牌。打造忻州“玉米兄弟”有机黑糯玉米等十大品牌企业及产品。有259家杂粮企业（合作社）认证杂粮“三品”产品568个，居全省第一，杂粮“地标”产品达到14个。忻州杂粮成功入选“溯源中国 · 可信品牌赋能计划”。

随着山西杂粮出口平台、山西农业大学杂粮研究院的成立，忻州杂粮产业步入产学研深度融合新阶段，尤其在打造具有全球影响力的杂粮国际交易出口平台上迈出了关键步伐。

“强工业”激发“新活力”。2021年，忻州固定资产投资、一产固投、产业投资占比、一般公共预算收入等指标均高于全省平均水平，规上工业增加值增幅连续9个月领跑全省。

坚持以创优生态为基础。深入实施创新驱动、科教兴市、人才强市战略。山西智创城9号正式挂牌，半导体产业集聚区列入全省第二批特色产业集聚区试点，管家营法兰锻造集团有限公司成功申报2021年省级工程研

定襄县庄力产业集聚区10兆瓦海上风电法兰生产现场

究中心。高新技术企业达到116家，省级民营科技企业达到104家，105家企业进入国家科技型中小企业库，各类市场主体达到22.16万户，同比增长15.34%。

坚持以数字赋能提质效。开通5G基站2777个，实现各县（市、区）中心城区等主要旅游景点核心区域5G网络连续覆盖。圆满完成第六批212个行政村的电信普遍服务试点建设，实现行政村光纤宽带和4G网络全覆盖。

坚持以职能转变聚合力。强化“大格局”理念，构建“3+N”国有资本监管体系。加大市属能源、城建、文旅等重点产业整合重组，打造了神达能源、城乡建投、汇丰金控3个产业“旗舰”，先后组建了5个资产经营公司，市属104户企业分类划入资产经营公司。

“兴文旅”打造“硬支撑”。忻州山清水秀、古迹众多、景点密布，是极具吸引力的康养旅游目的地。近年来，忻州更是以坚实的步履和惊人的速度，高起点、高标准、全方位推进国家全域旅游示范区创建工作，“近者悦、远者来”成为忻州文旅融合发展的新形态。持续推进景区景点开发升级，雁门关景区成功创建5A级旅游景区，忻州古城、云中河、老牛湾、滹源、天涯山、天柱山等景区成功创建4A级旅游景区。忻州

忻州文旅产业蓬勃发展。

出台了一系列发展康养产业的政策，引领康养产业有序发展。谋划实施康养项目57个，1个康养园区、3个康养小镇列入全省重点支持的康养社区小镇建设范围。文艺创作持续保持良好态势，成功打造出一批文艺精品。非物质文化遗产传承保护深入推进，累计22人入选国家级“非遗”代表性传承人，文化部恭王府博物馆传统工艺工作站落户忻州。

实招频出，激发改革发展新动能

忻州紧扣重点领域改革，把关系经济社会发展全局、涉及重大制度创新、有利于提升群众获得感的改革摆在更加突出位置，重大改革硕果累累、捷报频传。

顶层设计引领前进方向。忻州坚持高点站位，谋划推动了一批主题突出、特色鲜明的改革任务。2022年初在全面承接省委改革部署的基础上，确定了11项标志性牵引性重大改革和20项重点改革项目，作为全年改革的“总施工图”。创新实行“一体推进、重点调度、点穴督办、闭环交账”抓改革工作法，带动全市上下协同发力，交出一份以改促转的优异答卷。

制度保障强化改革支撑。以事业单位重塑性改革为契机，建立了“谋划储备—招商签约—建设推进—投产运行”全流程的项目推进支撑体系。覆盖三大产业，创新项目闭环，形成项目储备、招商、推进、运营全过程的联席调度机制。同时，狠抓试点示范引领，争取了一大批国家级和省级改革试点。2021年，共争取试点示范项目65项，其中国家级24项、省级41项，争取资金4573.3万元，更多的“探路权”和政策资金支持为忻州改革再添活力。

整体重塑促进改革深化。以全省行政执法信息化试点市建设为契机，全面推行行政执法“三项制度”。把优化营商环境作为“一把手”工程，创新推出具有“忻州特色”的经验做法。“三统一”改革后，“一件事”

平均跑动次数较改革前减少52.7%；通过共享方式减少提交材料超过16.2%；以情景式并联或半并联相结合，减少政务服务环节13.9%。实施“房证同交”改革措施，全省第一家推行“地证同交”模式。

先行先试激发改革活力。能源革命综合改革试点工作持续深化，现代文化和旅游产业融合发展成效进一步凸显。全市开发区差异化打造改革升级版：忻州经济开发区聚焦集成电路、人工智能等前沿领域，努力实现从“0”到“1”的突破，以新松机器人产业发展（忻州）有限公司为代表的一批领军现代企业强势入驻；原平经济技术开发区投资36亿元的山西同德科创全生物降解塑料生产项目正式开工……

“双碳”引领，展现生态环境新面貌

忻州始终坚持以“两山”理论为指导，以“减污降碳”为抓手，以改善生态环境质量为核心，推动突出生态环境问题整改，有力构筑了忻州全方位推动高质量发展的绿色底色。

挖掘潜力，多路求突破。出台多项政策性文件，对31个“两高”项目针对性分类处置。通过节能改造升级等多种手段，持续提升能源综合利用效率。坚持以

五台县西龙池抽水蓄能电站上下水库是目前国内已投产水头最高的抽水蓄能电站。

建设绿色能源基地为核心，在煤矿智能化建设上持续发力，完成煤业智能综采面建设12处。推动清洁低碳能源发展，单位GDP能耗持续下降，碳达峰碳中和有序推进。

着眼实际，全面强保护。聚焦黄河流域生态保护和高质量发展国家战略，切实加快国土绿化步伐。截至目前，累计完成国省工程和其他工程营造林376.3万亩。2021年完成国省林草重点任务72.34万亩。汾河中上游山水林田湖草试点项目建设完成41个，完成投资40.71亿元。完成黄河流域重点地区历史遗留矿山生态修复项目治理面积5577.45亩、水土流失治理面积69.08万亩。现有森林公园10个、湿地公园5个、国家级自然保护区

1个、省级自然保护区4个、国家级沙漠公园1个，区域生态脆弱的状况得到显著改善，生态环境发生了历史性转变。

聚焦关键，打好治污战。聚焦产业、能源、交通、用地四大结构调整，有效实现生态环境质量再提升。围绕污染防治“三大战役”，建立健全线上监控+线下监管长效管控机制，强化落实转型、治企、减煤、控车、降尘五大举措。2021年，完成清洁取暖202516户，实施36家钢铁企业超低排放改造，将1275家企业纳入重污染应急减排清单。围绕全面改善水环境质量，制定地表水“一断面一策”，对180个入河排污口建立排污主体—排放口—水质断面的“三位一体”监管体系。2021年，全市14个国考断面优良水体比例85.7%，无劣V类断

汾河川湿地公园美景如画。

面。围绕土壤污染源头管控，严格建设用地准入管理，排查核实224家尾矿库基本信息，加快建设3个省级土壤污染治理修复技术应用试点。宁武县大木厂煤业公司、春景洼村老窖水国家级地下水污染修复试点已申报国家项目储备库。

实事实办，刷出民生福祉新高度

忻州坚持以“幸福质感”检验民生实事成效，以历史性告别绝对贫困为新的起点，民生实事办理质量持续保持高位。

基础服务更加完善。忻州用心用情感受群众安危冷暖、解决群众“急难愁盼”问题。近年来，陆续新建市儿童医院、云中河全民健身中心，遗山公园、体育公园等投入使用，城市社区15分钟健身圈基本覆盖。用力解决高校毕业生、农民工、退役军人等重点群体就业，城镇新增就业、失业人员再就业、省外输出就业、农村劳动力转移、职业技能培训均提前超额完成年度任务，城镇登记失业率低于4.5%，从业人员持证率达到40%。深化县域医疗卫生一体化改革，2个社区获评全国示范性老年友好型社区。棚户区住房改造开工2550套，建成农村老年日间照料中心532个。深化教育教学管理改革，深入推进“双减”工作，调整优化义务教育学校和高中学校布局，群众对教育满意度持续攀升。建强防控队伍、严格值班值守制度，群防群治、迅速反应的坚固防线全面形成，疫情防控工作扎实推进，人民生命安全得到全面保障。

社会局面更加和谐。发布问政“最多问一次”系列清单66批次3350项，形成“一问多策”“一事多策”的问政共享态势；“忻州随手拍”平台上线运营7年多，日访问量超6万人次，累计解决民生诉求4.2万件；搭建“百姓直通车”平台以来，回应解决群众反映诉求2万余条，办结率达92%；集中治理重复信访、化解信访积案，化解率达99.5%；深化落实安全生产“543”工作机制，深入实施安全生产专项整治三年行动集中攻坚，安全生产形势更加稳定。

脱贫成效更加巩固。探索形成了“聚焦防贫、系统谋划、任务拓展、体系优化、分类推进、有效衔接”的工作思路，持续推动巩固脱贫攻坚成果同乡村振兴有效衔接。建立监测帮扶机制，将脱贫户、脱贫不稳定户、边缘易致贫户等全部纳入动态监测范围，确保不发生规模性返贫现象。2021年创建搬迁群众“五好”社区20个，扎实推进易地扶贫搬迁后续扶持工作。抓实扶贫资产“四权”管理，形成扶贫资产159.34亿元，已全部确权。做强特优产业，光伏电站发电收入达到1.94亿元。2022年7月，全国易地扶贫搬迁后续扶持暨促进就业帮扶车间发展工作会议在忻州召开，忻州上下备受鼓舞，坚持以“两业”促进增收更有信心。

文明建设更加扎实。2021年顺利完成创建全国文明城市年度复检，建成新时代文明实践所169个、新时代文明实践站2850个，在全省率先完成新时代文明实践中心（站、所）全覆盖。

三、策马扬鞭再奋蹄，以更强的历史主动和更大的使命担当创造未来

忻州正处于全方位推动高质量发展、推动太忻一体化经济区建设强势起步的重要发展时期。面对更大范围、更宽领域、更深层次的开放融通发展机遇，忻州将紧抓“一个牵引”“六大突破”，下好先手棋，打好主动仗，在接续奋斗中体现忻州担当、书写时代华章。

以太忻一体化经济区建设为牵引

当前，太忻一体化经济区建设开局良好、顺利入

轨。下一步，忻州将继续强化太忻一体化经济区牵引作用，全力确保“2573”工作思路落到实处。

持续深化规划引领。建立完善“1+2+N”规划体系，全力服务保障中心工作。忻州市委出台《关于以太忻一体化经济区建设为牵引 全方位推动高质量发展的意见》，忻州市人大作出《关于支持和保障太忻一体化经济区（忻州片区）高质量发展的决定》，忻州市纪委监委印发《关于监督保障太忻一体化经济区建设强势起步的实施意见》，人才、物流、招商等配套政策加速论证出台。

·特别关注·

“南融东进”发展战略

忻州支持和保障太忻一体化经济区（忻州片区）高质量发展，实施“南融东进”发展战略。

南融，就是主动融入太原都市区，深化与太原市融合互补发展，协同建设现代产业体系，协同提升开放枢纽功能，共建创新合作平台，促进医疗卫生一体化、文化教育跨区域合作，加强生态环境共建共治，全面提升基础设施和产城融合水平，将太忻一体化经济区建设成为全省高品质宜居宜业宜创宜游区。

东进，就是发挥承东启西、连接南北、毗邻京津冀的区位优势，深度融入京津冀，主动对接雄安新区，打造雄忻高铁枢纽集散地，建设承接产业转移集聚区，共同创建开放合作大平台，全面形成全省向东融入京津冀和服务雄安新区的重要走廊和对外开放桥头堡，打造对外开放发展的前沿城市。

系统构建空间格局。积极构建以忻州中心城市为核心、以雄忻高铁和108国道为双轴、以各县（市、区）启动区为多点的“一核双轴多点”空间格局，做美做强忻州中心城市，高标准打造忻东新城，构筑“南融东进”“西引北联”的各县（市、区）优势互补协同发展新格局。全面加强基础联通。依托太忻复合型城际交通走廊，全方位打造雄忻综合运输、京忻综合运输、忻太西综合运输等八大通道，全面构建“米”字形对外综合运输大通道。

全力打造产业支撑。全力构建以新型材料、高端装备制造、百亿级半导体等七大产业集群为主的现代产业体系，全力推动忻东新城、繁峙—代县太钢产业合作区、忻州“智创城”等十大战略性工程落地成势。重点突出机制保障。建强协同机制、转化机制、推进机制和考核机制，坚持“市级统筹、县级落实、市县联动、分区建设、区域协同、部门协作”，形成上下贯通、左右衔接、运转顺畅的工作格局，以“5+5+1”体制重点突出矩阵保障。

在产业转型上实现新突破

坚持新旧产业协同转型、一二三产融合发展，以“三个一批”为引领，推动“七个一批”扩成效，坚决打好产业升级攻坚战。

传统优势产业降耗提效。进一步锚定内涵集约、智能高端、绿色低碳的要求，咬定“双碳”降能耗、对标“双控”提能效，持续加大技改投入，加快延伸产业链条，有序推进传统高耗能行业“上大压小、产能置换、淘汰落后、先立后破”，推动投入产出比、劳动生产率等指标加快迈过“生存线”，尽快达到“发展线”。

战略性新兴产业培优建强。进一步锚定集群发展、创新引领、全产业链的要求，聚焦科技前沿、未来产业，前瞻谋划、招引落地一批带动性强、贡献率高、前景广阔的优质项目，着力建链补链延链强链。全面推进八大标志性引领性产业集群建设，培育一批新的战略性新兴产业增长点。

现代农业“特”“优”并举。进一步锚定稳粮保供、特优高效、科技兴农的要求，扎实推进高标准农田建设，深入开展种业振兴、质量提升行动，加快六大农产品精深加工产业集群建设，更好发挥中国杂粮之都产业融合园区和雁门农牧交错带示范区带动作用。

现代服务业提质增效。进一步锚定精准分类、高端融合、扩容提质的要求，深入实施提质增效十大行动，积极培育数字科技、物流商贸、现代金融、公共服务等领域新主体新业态。重点依托五台山世界文化遗产、雁门关长城、忻州古城、温泉康养、芦芽山生态、黄河

环境优美的代县滨河移民新区

风情六大旅游区打造国际知名文化旅游康养目的地。全面推动生产性、生活性、非营利性服务业及所属细分行业专业化品质化多样化发展。

在乡村振兴上实现新突破

坚持把乡村振兴作为“三农”工作的总抓手，扎实推动脱贫攻坚成果同乡村振兴有效衔接，切实以乡村振兴“四大工程”促“三农”工作振兴。

特色农业强优工程。紧紧扭住优质小杂粮、道地中药材、传统畜牧业三大特色品牌，提升产业化、规模化、品牌化水平，重点巩固光伏发电、乡村旅游、休闲观光农业等益农惠农产业效益，持续擦亮“三品一标”特色农产品区域品牌。

基础功能提升工程。持续深入开展农村环境整治，扎实推进“六乱整治”“厕所革命”。进一步完善农村基础设施，全面加强农村道路建设、用电保障。持续提升乡村卫生健康服务能力、基本医疗卫生保障水平，多渠道增加乡村普惠性学前教育资源，推动农村公共服务扩容提质。

职业技能富民工程。持续深化“人人持证、技能社会”建设，深入实施高素质农民职业技能提升行动，加强农业农村类高技能人才培训基地建设。

集体经济壮大工程。扎实推进发展壮大新型农村集体经济试点工作，加快推进“清化收”工作，着力完善农村集体产权流转交易体系，健全组织运行、利益联结机制，搭建好村村、村企、村社合作平台，积极探索市场经济条件下壮大农村集体经济的新路径、新动能、新机制。

在产城融合上实现新突破

进一步强化中心城区引领带动，促进城乡发展一体协同，推动营商环境提标进位，努力实现“以产促城、以城兴产”。

紧抓中心城区提质。坚持以中心城区四大板块建设带动产业发展，以七大主题风貌区规划建设彰显地域特色，深入实施古城活化提升、城市客厅打造、城市文脉保护、智慧城市建设等工程，着力营造法治开放的生产生活环境。

紧抓城乡发展提档。深入推进新型城镇化建设，依托忻定、忻原大道，全面推动忻定原一体化发展。依法有序推进乡镇（街道）撤并调整工作。

紧抓营商环境提标。不断引深“放管服”改革，持续拓展“一枚印章管审批”效应。深入实施规上工业企业倍增计划，全面落实支持民营经济发展政策措施，着力构建“亲”“清”政商关系。

紧抓交通运输提效。结合太忻一体化经济区建设，统筹推进重大交通设施项目建设，加快推进黄河、长城、太行三个一号公路建设。

在改革创新上实现新突破

着力在“深化、深入、深度”上进一步增强改革创新的系统性、协同性、实效性。

深化重点领域改革。加快推动国企改革，积极推进市属重点企业转型改革项目。不断深化开发区改革，全面提升各开发区（园区）管理运营水平。持续引深金融体制改革，强化行业监管和内部治理，进一步创优地方金融生态。

深入实施创新驱动。聚焦“产学研用”一体化，持续加大主体培育、平台建设、研发攻关、成果转化力度，加快推进省级重点实验室、技术创新中心、中试基地等建设。不断深化人才发展体制机制改革，精准制定招引计划，拓展人才发展平台，搭建服务绿色通道，持续引深省校合作，用心用情做好人才工作，全方位培养用好人才。

深度贯通成果转化。进一步强化市场化、系统化、链条化思维，坚持市县联动、政企协同，沿产业链布局改革创新项目，促进上下游集约合作，实现关联产业互补互促，最大限度降低成本，更加充分释放改革创新红利。

在生态保护上实现新突破

重点围绕落实黄河流域生态保护和高质量发展责任，落实能耗“双控”要求，切实筑牢生态屏障，以高水平保护助推高质量发展。

推动绿色发展。加快谋划实施碳达峰忻州行动，坚持以能源消费低碳化、产业发展循环化、废弃物利用资源化为主要方向，积极开展煤、电、气、新能源等领域试点示范，推动重点项目在忻州落地。

加强保护修复。加快推进“两山四河一流域”生态修复治理和汾河中上游山水林田湖草沙生态保护修复，持续推进国土绿化行动，加大矿山资源领域综合治理力

初夏的云中河景区，绿意盎然、美不胜收。

度，严格落实“三线一单”生态环境分区管控要求和河（湖）长制、林长制。

坚持铁腕治污。一体推进治山治水治气治城，深入实施大气环境质量改善工程、大力推进水环境治理改善工程、继续深化土壤污染防治工程，全力打好蓝天、碧水、净土保卫战，打造忻州美丽和谐新颜值。

在改善民生上实现新突破

坚持在发展中保障和改善民生，让发展成果更多惠及广大民众。

千方百计促进就业创业。实施更加积极的就业政策，促进创业带动就业、多渠道灵活就业。统筹项目建设与增加就业岗位，加强对高校毕业生、农民工、就业困难人员等重点群体就业支持。健全工资指导线、企业薪酬调查发布、最低工资保障等制度，推动更多低收入人群迈入中等收入行列。

全面推进公共事业发展。进一步推进城乡教育资源优化配置，促进义务教育优质均衡发展。实施公立医院质量提升、深化医改提质等重点工程，解决群众看病难、看病贵问题。完善社会保障体系，实施全民参保计划。

全力以赴维护安全稳定。落实常态化疫情防控举措，坚决守住忻州阵地，筑牢疫情防线。全面压紧压实安全生产责任，加强各领域安全生产，坚决杜绝重特大安全生产事故发生。完善监测预报预警联动机制，全面提升防灾减灾救灾能力。防范化解金融风险，守住不发生系统性区域性风险底线。全面强化社会治安管控，以一城稳定保全局稳定，决战冲刺全国市域社会治理现代化试点建设工作，营造共建共治共享的良好氛围。

风雨多经志弥坚，关山初度路犹长。全方位推动忻州高质量发展的画卷已经铺就，肩负时代赋予的使命，忻州将振奋精神、坚定信心，解放思想、真抓实干，坚持“发展是硬道理、业绩是新担当、交账是军令状”的工作理念，按照“动脑筋、负责任、讲良心”的工作要求，以更加坚定从容的步伐、更加积极昂扬的姿态，在接续奋斗的新征程中书写全方位推动高质量发展的优异答卷！

第五章

英雄吕梁谱新篇

——全方位推动高质量发展吕梁篇

山河多娇，英雄吕梁。吕梁是一座自然资源富集、发展活力迸发的新兴城市。境内有丰富的煤、铁、铝资源，有红色革命遗迹、绿色森林康养、黄河黄土风情、传统白酒酿造等“红、绿、黄、白”旅游文化资源。

2017年6月21日，习近平总书记带着对吕梁革命老区人民的深情牵挂，来到山西视察，第一站来到吕梁。习近平总书记指出，革命战争年代，吕梁儿女用鲜血和生命铸就了伟大的吕梁精神。我们要把这种精神用在当今时代，继续为老百姓过上幸福生活、为中华民族实现伟大复兴而奋斗。

时间飞逝，记忆犹新。吕梁人民牢记领袖殷殷嘱托，不负时代，不负人民，把吕梁精神用在当今时代，坚定实施黄河流域生态保护和高质量发展、中部地区高质量发展等国家战略，紧紧抓住转型综改、能源革命综合改革等发展机遇，汇聚起推动高质量发展的磅礴力量，正在为建设绿色发展、生态宜居、城乡靓丽、人文和美、富裕安康、气正风清的美丽幸福吕梁而奋斗。

一、锚定目标，把准高质量发展的航向

吕梁按照全省“一群两区三圈”的城乡区域发展新布局，重点实施“四大战略”，全力打造“四区”。

实施“双五”战略，建设资源型经济转型发展示范区。立足资源禀赋和产业基础，抢抓构建新发展格局战略机遇，紧扣“保煤增气、降碳减污、协同增效、转型发展”目标，推动煤、焦、铁、铝、电五大传统优势产业内涵集约发展，氢能、白酒、新材料、非常规天然气、文化旅游五大战略新兴产业规模集群发展，产业结构从“一煤独大”向“四梁八柱”转变，转型发展走在全省前列，真正走出一条产业优、质量高、效益好、可持续的发展新路。

实施“四二”战略，建设巩固脱贫成果接续乡村振兴样板区。加快推进农村产业和农民就业“两业”提质、村容村貌和精神面貌“两貌”改善、乡村治理和社会治安“两治”提升、致富带头人和支部带头人“两人”培育，促进农业高质高效、乡村宜居宜业、农民富裕富足。加强对先行示范县、整体推进县、重点帮扶县的分类指导，持续擦亮吕梁山护工等“三大品牌”，探索形成更多可复制、可推广的吕梁路径、吕梁模式，推

动脱贫地区更多依靠发展来巩固拓展脱贫攻坚成果，让脱贫群众生活更上一层楼。

实施“一廊两带”战略，建设黄河流域生态保护实验区。全方位、全地域、全过程开展生态环境保护，统筹推进山水林田湖草沙系统治理，重点建设以离石、中阳、方山、交口、岚县为重点的吕梁山生态文明示范走廊，以沿黄四县为重点的沿黄干支流生态修复与治理带，以平川四县为重点的沿汾生态治理和高质量发展带，推动污染物排放总量大幅减少、生态环境大幅改善，努力把好山好水守护好、把生态优势发挥好，让绿水青山产生更大生态效益、经济效益和社会效益，努力闯出一条绿色发展的新路子。

实施“一城两核”战略，建设山西中部城市群高质量发展先行区。坚持高起点规划、高标准建设、高效能管理，力争五年内成功入选全国文明城市、园林城市、森林城市、卫生城市，巩固提升全国“双拥”模范城，建成宜居宜业宜游的“现代文明之城”。坚定扛起打造山西中部城市群坚强“西翼”的光荣使命，统筹山区与平川、经济建设与生态环保均衡发展，同城化推进离柳中方城镇组群建设，打造现代化市域中心城市；一体化推进交汾文孝城镇组群发展，建设太原城市核产业互补地、生态后花园、服务保障区，打造引领全市高质量发展的“双核”引擎，构建中部城市群发展的生态屏障和重要战略支点，使吕梁在全省版图中的重要地位全面彰显。

二、砥砺前行，夯实高质量发展的基石

面对百年未有之大变局、脱贫攻坚之大考题、经济转型之大挑战、新冠肺炎疫情之大考验，吕梁真抓实干、砥砺奋进，脱贫攻坚夺取全面性胜利，转型发展取得跨越性进展，民生事业实现突破性提升，城乡面貌发生根本性变化，经济社会高质量发展迈出坚实步伐。2021年吕梁一般公共预算收入全省第二，地区生产总值全省第三，是山西综合实力提升最明显的地区之一。

·数说吕梁·

2021年，吕梁地区生产总值2071.4亿元，增长9.2%；一般公共预算收入231.78亿元，增长23.78%。城镇居民人均可支配收入32551元，增长7.1%；农村居民人均可支配收入11754元，增长10.3%。

产业转型集聚新优势

高质量发展离不开高质量产业支撑。吕梁作为煤炭大市、资源大市，产业转型离不开煤炭、绕不开资源。

临县环城东山

坚持以煤、铝、酒“一黑二白”传统产业支撑转型，大数据、大旅游、新能源、新材料、新装备“两大三新”新兴产业引领转型。2021年，成功获批全省非常规天然气综合改革试点市，全年产气26.4亿立方米，较上年翻了一番；抢滩布局氢能产业，孝义鹏飞、山西美锦等焦炉煤气制氢项目即将投产。非煤产业增加值增长23.6%，战略性新兴产业增加值增长15.7%。全市初步形成传统产业“老树新发”、新兴产业“插柳成荫”、第三产业“茁壮成长”的良好发展态势，为全方位推动高质量发展夯基

垒台、蓄势赋能。

五大传统优势产业转型升级。煤炭产业：积极推进产能核增，力争释放1000万吨先进产能。焦化产业：5.5米以上焦炉全部完成干熄焦改造及余热发电，4.3米焦炉全部淘汰退出，在全省率先进入大型现代焦炉时代，形成2250万吨6

·特别关注·

兴县建设全国最具竞争力的铝镁新材料产业基地

兴县华兴铝业已形成66万吨铝土矿、200万吨氧化铝、50万吨电解铝和23万吨铝加工的产业规模，实现了铝土矿—氧化铝—电解铝—铝加工产业链协同发展，成为山西省最大的铝工业基地。“十四五”期间，兴县将打造百万吨电解铝、200万吨铝加工、千亿元产值的铝镁新材料产业基地，建设在全国具有竞争力的铝镁新材料产业基地。

·特别关注·

孝义鹏湾氢港着力打造全国有影响力的氢能产业示范基地

2021年1月1日，孝义市鹏飞集团鹏湾氢港20万吨/年焦炉煤气制氢项目一期2万吨/年焦炉煤气制氢项目开工，该集团成为山西省最早开展制氢项目的企业之一。作为鹏飞氢港能源产业园的重要组成项目，新建2万吨/年焦炉煤气制氢装置主要建设煤气初级压缩、TSA净化、煤气增压、PSA提氢、氢气充装站、空压及制氮站等工艺生产装置。鹏湾氢港氢能产业园区投资规模达百亿元，分三期建设，集制氢、储氢、加氢、运氢及下游产业、科技研发于一体，打造山西乃至全国有影响力的氢能产业示范基地。

米以上的先进产能，打造全国一流的综合性现代能源化工基地。钢铁产业：大力发展高品质特殊钢，推动中钢10万吨焊丝钢项目投产达效，启动太钢袁家村铁矿300万吨碱性球团技改项目，支持吕梁建龙200平方米烧结余热综合利用项目开工建设、120万吨优质棒线材项目投产达效。铝产业：用好全省煤铝共采试点市政策，推动中铝华润打通上下游、延伸产业链，大力引进一批铝镁新材料加工项目，打造千亿级铝系产业集群。电力产业：推进“源网荷储一体化”发展，实施柳林4×10万千瓦、临县10万千瓦光伏和交口综合低碳智慧能源示范项目，加快文水县、方山县、岚县等整县屋顶分布式光伏开发，建设交城140万千瓦抽水蓄能电站等项目，逐步提升新能源消纳能力。

五大战略性新兴产业培育壮大。着力打造北方氢能产业基地。实施“一体两翼、二港四链”发展战略，加快“气—站—运—车”全产业链发展，建成投产鹏湾氢港一期2万吨、美锦一期2万吨焦炉煤气制氢项目，开工建设兴县天然气液化提氦制氢、天津锦美炭基板电解水制氢、山西美锦氢燃料商用车整车生产等项目，布局建设加氢站，积极推动一批氢能源汽车投运，加快建设“吕梁氢都”。

打造全国最大的清香型白酒生产基地。坚持“以酒为基、以旅为纲、酒旅融合、多元发展”的总体方向，加快建设汾酒2030技改项目、汾阳5万吨白酒生产项目，抓好振东集团1万吨芦清王保健酒、庞泉酒庄一期3.5万吨和中孚1万吨白酒等技改项目，推动孝义汾青酒厂2万吨原酒基地项目落地，全力建设中国清香型白酒

中国清香型白酒生产基地——位于汾阳的中国汾酒城

核心产区。

打造新材料产业基地。加快中磁尚善吸波屏蔽材料量产，推进瑞拓峰12万吨可降解聚酯、中科润资3万立方气凝胶等项目投产达效，开工建设中国航天十二院3D铝合金增材制造二期、宏特10万吨锂离子负极材料等项目，努力打造千亿级产业集群。

打造非常规天然气示范基地。开展“三气”综合开发试点，推动临兴、石楼西、三交北等区块尽快达产达效，三交、柳林等区块稳产增产，力争煤成气产量达到29亿立方米以上。加快管网互联互通，拓展管网覆盖范围，不断提高燃气消费比重。

打造国内知名文化旅游目的地。积极创建国家全域旅游示范区，重点打造“一西一东”两大核心景区，西部以临县碛口为支点，串联带动兴县蔡家崖、方山县北武当山、岚县饮马池、石楼县黄河奇湾等景区发展，高标准打造百里黄河精品旅游带；东部以汾阳杏花村为支撑，全力推进酒文旅融合项目，加快建设酒文化旅游胜地，再现牧童遥指杏花村的诗意美景。启动实施凤山小镇、吕梁航天科技城等文旅综合体项目，加快建设离石信义十三里农文旅康综合体、交口农业迪士尼等项目，让更多游客“走进来”“留下来”。

方山县北武当山风光

四大现代服务业提质增效。现代物流业：支持网络货运平台企业发展，推动孝义鑫东港仓储中心、柳林晋西物流园等项目落地，加快建设汾阳数字供应链等物流集聚区，支持离石天源等物流园区申报省级示范园区。现代会展业：建成投运山西（中国）白酒交易中心、山西（吕梁）干果商贸平台，办好中国杏花村国际酒业博览会，不断做大会展经济。电子商务业：依托"中国淘宝镇"杏花村镇打造区域电商物流集散中心，引导企业开展跨境电子商务。现代商贸业：升级改造传统商圈，布局打造货源街、大武古镇、新区万达广场等特色商业街区，不断培育人气活跃、亮点突出的消费集聚区。

乡村振兴谱写新篇章

吕梁如期完成了脱贫攻坚目标任务，历史性解决了绝对贫困问题，荣获全国脱贫攻坚先进集体。10个贫困县全部摘帽，1439个贫困村全部退出，59万贫困人口全部脱贫。生态扶贫做法两次受到习近平总书记肯定。光伏扶贫荣获全省组织创新奖，生态扶贫、吕梁山护工、光伏扶贫“三大品牌”叫响全国。

抓好农村产业、农民就业“两业”。新增高标准农田26万亩，复垦改造20万亩撂荒地，粮食产量稳定在10亿公斤以上。做大“吕梁山猪”“吕梁山菇”“吕梁土豆”“吕梁杂粮”等特优产业，能繁母猪存栏达到30万头、生猪出栏产能突破500万头、食用菌稳定在1.25亿棒、土豆种植面积达到100万亩。做强吕梁山护工劳务品牌，让更多农民实现技能就业、技能增收、技能致富。

提升村容村貌、精神面貌“两貌”。开展乡村基础设施、人居环境、公共服务、建筑风貌

·特别关注·

“吕粮山猪”成为山西省首家直供港澳的生猪品牌

生猪产业是吕梁市农业八大特色产业之一。“吕粮山猪”年可出栏生猪20万头，是吕梁市生猪产业的优质名片，也是山西省首家直供港澳的生猪品牌。2021年以来，吕梁紧抓生猪产业发展机遇，抢占市场、打造品牌，打出生猪稳产保供“组合拳”，生猪生产实现了历史性跨越。

·特别关注·

中阳木耳成为乡村振兴大产业

中阳县地处吕梁山脉中部，全县森林覆盖率达49.09%，是栽培黑木耳等食用菌的天然宝地。近年来，中阳县坚持把黑木耳产业作为巩固脱贫成果、促进农民增收的支柱产业，充分发挥自身优势，通过政策引导、企业带动、种植户参与、市场拓展等方式，推动黑木耳产业从无到有、从小到大，成为富民强县的农业特色产业，引领中阳县跨入全国十大木耳基地县行列。2021年，中阳县的菌棒栽植数量为4749.9万棒，采收干木耳500万斤，可实现产值2.25亿元，直接带动1.5万农民年均增收8000元。中阳县黑木耳高质量发展示范项目入选全国“三下乡”活动示范名单。

“四大提升工程”。实施“五个一批”群众文化惠民工程，开展“免费送戏下乡”等文化活动，不断丰富群众精神文化生活。

促进乡村治理、社会治安“两治”。大力推动农村移风易俗，广泛开展文明家庭、道德模范等评选活动，培育文明乡风、良好家风、淳朴民风。大力推广新时代“枫桥经验”，推进乡村网格员队伍专职化发展，推动社会治理“多网融合”，以基层“小网格”守护农村“大平安”。

培养农村致富带头人、支部带头人“两人”。实施“一村一名大学生”和“万名乡贤回乡”计划，吸引能人返乡创业，发展壮大集体经济，带动农村产业发展。充分发挥驻村帮扶干部作用，全面提升农村“两委”干部履职能力，完善绩效考核奖励政策，打造一支勇担乡村振兴使命的人才队伍。

生态文明展现新风貌

吕梁牢固树立“绿水青山就是金山银山”的理念，厚植高质量发展的生态底色，坚决扛起落实黄河流域生态保护和高质量发展国家战略的政治责任，降碳、减污、增绿协同推进，让天蓝地绿水清成为吕梁新常态。2021年，坚决遏制“两高”项目盲目发展，全市40个“两高”项目停产、停工、停止推进。持续推进“三个100万亩”生态工程，林草覆盖率72.2%、全省第一，森林覆盖率28.8%、全省第三。吕梁市区PM2.5浓度历史首次降到27微克／立方米，在全省和汾渭平原11个城市中保持第一。15个国考断面水质全部退出劣Ⅴ类，吕梁水质改善幅度位居全国第一。

实施碳达峰碳中和吕梁行动。制定出台碳达峰规划和实施方案，争取成为省级碳中和试点，谋划实施总投资60亿元的“零碳”园区项目。探索应用碳捕集、利用与封存技术，推进柳林年消纳40万吨二氧化碳的特种纳米碳酸钙及复合钛白粉项目建设。实施“两高”项目分类处置，开展焦化、钢铁等“6+1”重点行业能效提升行动，坚决压减淘汰落后产能。

实施黄河流域生态保护和高质量发展行动。聚焦“一廊两带”生态修复战略，谋划实施总投资811亿元的204个重大生态环保项目。扎实抓好中央环保督察和黄河、汾河流域环境突出问题整改。搭建固废大数据服务平台、固废新材料在线交易平台，推动兴县臣功固废利用一期项目投产，加快建设孝义和交口赤泥综合利用、柳林固废基生态砂和陶粒混凝土等项目，全力打造国家级大宗固废综合利用基地，争创国家“无废城市”。

实施污染防治攻坚行动。全覆盖治山，持续推进国土绿化，实施总投资13亿元、258万亩的林下经济、经济林提质增效等项目，力争森林覆盖率每年增长一个百分点。全流域治水，实施25个建制镇生活污水处理设施项目，推动市区生活污水集中收集率达80%，沿黄、沿汾县市建成区黑臭水体全面消除、建制镇生活污水全收集全处理。全领域治气，突出抓好工业废气、扬尘污染等专项整治，支持平川四县申报清洁取暖散煤清零项目，市县建成区清洁取暖实现全覆盖，农村地区覆盖率达84%，市区空气质量持续保持全省领先和汾渭平原前列。全方位治城，建成投运吕梁市生活垃圾焚烧发电和餐厨垃圾处理项目，市区和平川四县生活垃圾分类全覆盖。

重点建设蓄积新动能

吕梁招商引资高潮迭起，项目建设快马加鞭，开发区作为转型发展主战场、主引擎的地位日益凸显，一个个新的经济增长点汇聚起高质量发展的澎湃动力。2021年以来，吕梁积极滚动推进“三个一批”活动，以项目建设促进全市开发区高质量转型发展。截至2022年3月底，全市开发区“签约一批”共141个，“开工一批”项目共150个，“投产一批”项目共128个。项目主要集中在新能源、新技术、新材料、节能环保、文化旅游、基础设施建设等领域。

放眼长远谋项目。抢抓黄河流域生态保护和高质量发展、中部地区高质量发展等国家战略机遇，策划包装产业转型、生态修复、城市更新等项目4000亿元以上。谋划储备100个省级重点项目、200个市级重点项目、300个县级重点项目，新开工亿元以上项目200个。

主动招商引项目。紧盯长三角、珠三角等重点区域，扎实开展长板招商、以商招商，力争新签约亿元以上产业项目200个。积极推进能耗指标优化配置，用好中央预算内投资、地方专项债券等政策工具，让最好的项目获得最优的要素。

开足马力建项目。公路方面，加快构建“一纵五横”高速公路网；争取国道209新区改线年底建成通车，谋划国道209南延北拓、国道307东连西接工程，打造市区连通各县的“十字形”快速通道。铁路方面，做好太绥高铁前期工作；推进孝柳、瓦日、太中银铁路互联互通，加快建设临县车赶、汾西荣欣、临县锦源铁路专用线。水利方面，完成汾河百公里中游示范区项目建设，推进磁窑河防洪体系建设，开工兴县、临县等中部引黄县域小水网工程。新基建方面，加快推进市域5G网络全覆盖，推动山西超算中心扩容改造，加快吕梁云时代信创适配、柳林阿甲文创数据标注、国栋充电桩智慧平台等项目建设。

吕梁大武机场

·特别关注·

大道如虹天地宽

◎2021年6月底，“复兴号”开进吕梁山，吕梁彻底结束不通动车的历史。

◎吕梁加快推进祁离高速建设。祁离高速全长96.362公里，是山西省高速公路网规划“三纵十二横十二环”中第七横线的重要组成部分。全线通车后，太原到离石的时间将缩短至1小时。

◎离隰高速2022年12月底具备通车条件。起点位于柳林县石占沟，顺接临离高速终点，途径柳林、中阳、交口三县，终点与隰吉高速起点相接。

◎离石到方山、中阳、柳林城市快速路2022年开工建设，构建中心城区“半小时交通圈”。

◎静兴高速2022年将通车运营。东起静乐县丰润镇汾河东岸，西至黄河西岸的陕西神木市盘塘镇，与拟建的神木至盘塘一级公路相接，路线途径静乐县、岚县、兴县和神木市，全长96.6公里。届时兴县至太原行程将缩短至两小时，岚县正式融入省城1小时经济圈。

◎吕梁全面推进黄河一号旅游公路建设，加快构建“城景通、景景通”全域旅游一张网格局。黄河一号旅游公路吕梁段建成388公里，沿线设置生态绿道28.5公里、驿站14个、房车营地3个、观景台10个，辐射周边县（市、区）67个景区景点。

改革开放激发新活力

吕梁增量配电试点改革、开发区改革、公立医院综合改革、合作社造林等重点领域和关键环节改革持续深化。吕梁全力打造一流创新生态，加快构建创新体系，着力建设创新平台、培育创新主体、集聚创新人才、健全创新制度、厚植创新文化，大力营造崇尚创新创造的浓厚社会氛围。

全力打造一流营商环境。推进行政审批服务流程再造，探索“行业综合许可”“扫码亮照”等举措，推行以秒批、即办为重点的审批便利化改革。升级重大投资项目审批“全代办”服务，办理时限再压减20%以上，办理材料再压缩30%以上。持续深化“承诺制＋标准地＋全代办”改革，推动“标准地”出让向生产性服务业项目扩展、“承诺制”管理向核准类项目拓展、“全代办”服务向企业“全周期”延伸。

持续深化重点领域改革。打好国企改革三年行动收官战，加快市属国企股权划转，深化国有资本市场化运作，最大限度提升运营质效。强化预算约束和绩效管理，坚决遏制新增地方政府隐性债务。坚决压缩一般性支出，兜牢兜实基层“三保底线”。稳步推进农信社改制化险，维护区域金融稳定。2013年以来，市级层面部署456项重点改革任务，市县两级出台改革方案（改革制度成果）1588个，总结改革实践成果443个，形成改革理论成果237个，吕梁合作社造林、“三零”单位创建、生态扶贫、吕梁山护工培训就业、光伏扶贫、金融扶贫“吕梁模式”、局域电网试点改革、公立医院改革、PPP投融资体制改革、林业资产性收益改革等一批重点改革走在全省全国前列，全面深化改革为高质量转型发展提供了强劲动力。

打造开发区建设升级版。出台开发区高质量发展21条，推动各类开发区争先进位、提档升级。加快交城扩区、汾阳杏花村调区步伐，推动设立碛口生态文旅示范区。全面推进“管委会+公司”管运分离改革，鼓励国有企业、社会力量参与建设“区中园”。力争8个工业类开发区工业投资增长25%以上、规上工业增加值增长15%以上。

全面提升科技创新水平。组建太原理工大学吕梁产业技术研究院，共建联合创新载体，新建一批省级以上创新平台，支持吕梁（孝义）国家农业科技园区发展。创新柔性引才模式，新引进一批高层次科技人才。推行重大科技项目“揭榜挂帅”制，实施一批战略性产业、农业项目科技攻关。设立省校合作产业和成果转化引导资金，推动每个县转化一批科技成果。加快建设吕梁“双创”基地，新增一批高新技术企业和科技型中小企业。

有效激发市场主体活力。全面实施市场主体倍增一揽子政策，新增市场主体20%以上。坚决落实减税降费政策，健全常态化入企服务对接机制，全面规范涉企收费，加快清理拖欠民营企业账款。持续推进“个转企、小升规、规改股、股上市”，净增一批规上工业企业。

持续抓好外贸主体培育，新增一批外贸企业。

民生事业厚植新高度

吕梁坚定践行以人民为中心的发展思想，着力解决好群众普遍关心的上学、看病、就业、住房、育幼、养老等民生领域突出问题，不断增强人民群众的获得感、幸福感、安全感。

高质量教育体系更加完善。出台关于办好人民满意教育的行动方案，新建、改扩建48所普惠性幼儿园、79所中小学校，改造提升市直机关幼儿园、吕梁二中、吕梁五中，推动贺昌中学整体搬迁，加快吕梁三中、吕梁师范高等专科学校、吕梁职业教育园区建设。规范民办学校办学行为。支持汾阳医学院独立设置高等院校。全面落实“双减”政策，加快推进教师“县管校聘”“校长职级制”等改革，让教育更加公平更有质量。

·特别关注·

吕梁市教育局与黄冈市教育局举行合作办学

2021年6月5日，吕梁市教育局与黄冈市教育局举行合作办学签约仪式，通过“名校+”模式，实现优质教育资源高位“嫁接”，推动吕梁市公办高中教育高质量发展。目前，吕梁一中、二中、五中与黄冈中学进行了合作，黄冈中学派出管理团队、正高级教师、特级教师等师资力量，进一步提升吕梁一中、二中、五中教学水平。

优质医疗供给更有保障。2022年6月21日，吕梁医疗卫生园区正式揭牌。吕梁传染病医院、孝义市中心医院、离石区中医院等项目加快建设。实施“智慧医疗+5G协同诊疗”项目，推进基层医疗机构标准化、规范化建设。与科大讯飞公司合作，为医疗事业注入强劲科技支撑，通过大数据应用、人工智能，智慧医疗、智慧健康进一步方便群众就医体验。

社会保障更加健全。开展全民职业技能提升工程，完成培训3万人，新增技能人才1.5万人。持续办好职业技能大赛，建设市级灵活用工市场，拓宽农村劳动力外出务工渠道。建成市智慧养老服务平台。深化殡葬改革，推动县级殡仪馆全覆盖。

文体服务更加丰富。加快市博物馆改造布展和部分县级博物馆改建，实施市县两级文化馆、图书馆标准化建设。加强杏花村等老字号的保护，推动剪纸、面塑、皮影戏等“非遗”传承创新。发展全民健身事业，新建一批体育公园，新建、改扩建一批足球场。

三、奋楫争先，谱写高质量发展的新篇章

高质量发展，吕梁未来可期。吕梁将全力抓好产业

转型、乡村振兴、生态建设、民生改善等各方面工作，全面加强党的建设，大力弘扬吕梁精神，奋力谱写高质量转型发展新篇章。

打造一流创新生态

加快构建创新体系，着力建设创新平台，围绕产业链部署创新链，着力培育创新主体，大力培育引进专精特新企业，着力集聚创新人才，着力健全创新制度，着力厚植创新文化，大力营造崇尚创新创造的浓厚社会氛围。

打造一流营商环境

着力打造规范高效的政务环境，推动更多审批事项“全程网办”。着力打造公平竞争的市场环境，无差别实施市场准入负面清单制度。加快社会信用体系建设，打响“诚信吕梁”品牌。大力支持民营经济发展，5年内全市规上工业企业翻一番。着力打造依法办事的法治环境，强化法治基础保障作用。

加快开发区改革发展

深化“三化三制”改革，推进开发区大部门制改革和扁平化管理，强化招商引资、项目建设和服务企业职能，推行全员聘任制。支持开发区与省内外先进开发区、科研院所、高校、大企业等合作共建产业园区。全面推进“承诺制+标准地+全代办”改革，做到拿地开工、拎包入住、全程服务。聚焦先进制造、数字经济、新能源、新材料等新兴产业，狠抓招商引资和项目建设。

深化能源革命改革

聚焦碳达峰碳中和战略目标，加快传统产业改造升级。推进煤炭产业减优绿发展，加快淘汰煤炭落后产能。延伸焦化化产深加工产业链条，加快建设“零碳”焦化示范园区。大力发展非常规天然气，加快氢能产业发展。降碳、减污、增绿协同推进，让天蓝地绿水清成为吕梁新常态。

推进服务业提质增效

5年内力争全市服务业增加值占GDP的比重达到45%。加快发展金融服务业，引导驻市金融机构创新金融产品，提高存贷比，更好服务实体经济。加快发展新兴服务业，加快发展生活性服务业，加快发展非营利性服务业，让群众共享高质量发展成果。

“文旅+”让碛口古镇亮出新气质。

推进文旅产业融合发展

高标准建设百里黄河旅游经济带，高质量建设清香型白酒生产基地，高品质打造兴县红色旅游区，石楼县红军东征文化园、黄河奇湾旅游度假区，交城县庞泉沟自然生态旅游区等一批重点旅游景区。积极培育“旅游+”业态，推动文化旅游与农业、工业、体育、康养、教育等融合发展。实施乡村旅游精品工程，建设信义镇十三里等一批休闲观光园区，以及森林人家、康养基地、乡村客栈、黄河人家，促进旅游富民，持续叫响“汾酒故乡、英雄吕梁”品牌。

不忘初心，方得始终。在飞逝的时光里，我们看到的、感悟到的吕梁，是一个坚韧不拔、欣欣向荣的吕梁。踔厉奋发，笃行不怠。新征程上再出发，美丽幸福吕梁的底气更足、实力更强、质量更高！

第六章

晋商故里绘新卷

——全方位推动高质量发展晋中篇

晋中，居三晋腹地，是一座古老而年轻的城市。这里，诞生了大名鼎鼎的日昇昌票号，开创了“货通天下、汇通天下”的商业奇迹，平遥古城、乔家大院等晋商文化遗存瑰丽无比。这里，首创了“三三制”民主政权制度，开启了党领导的多党合作政治协商制度的先河，麻田八路军总部、桐峪晋冀鲁豫边区临时参议会旧址等革命遗存蜚声海内。这里，集聚了山西智创谷、山西大学城、晋中国家农高区、山西转型综改示范区晋中开发区等众多国家和省级战略，潜力巨大、活力奔涌。

2022年1月27日，习近平总书记亲临晋中考察调研。在平遥古城，习近平总书记深入了解晋商文化和晋商精神的孕育、发展等情况，强调要坚定文化自信，深入挖掘晋商文化内涵，更好弘扬中华优秀传统文化，更好服务经济社会发展和人民高品质生活。这充分体现了习近平总书记对传统文化的高度重视，为晋中高质量发展指明了前进方向。

晋中锚定建设全省全方位推动高质量发展先行区目标，立足新发展阶段、贯彻新发展理念、融入新发展格局，以昂扬的姿态、超越的勇气，豪情满怀踏上新征程、奋进新时代，奋力抒写晋商故里高质量发展的新篇章。

一、牢记嘱托担使命，绘好发展新蓝景

明确方位才能找准方向，把握大势才能赢得未来。站在向第二个百年奋斗目标迈进的重要历史关口，准确把握晋中发展的历史方位，必须从全局视野深入思考，必须结合市情实际深度谋划。党的十九届五中全会根据我国发展阶段、发展环境、发展条件变化，提出“十四五”时期经济社会发展要以推动高质量发展为主题的科学论断。山西省第十二次党代会鲜明提出全方位推动高质量发展的目标要求，赋予晋中建设全省全方位推动高质量发展先行区的重大使命，要求率先打造太原榆次太谷城市核，形成辐射牵引山西中部城市群一体化发展的核心区和增长极。这是省委对晋中的要求和期盼，更是对晋中区位优势、良好基础和发展潜力的科学定位。晋中深入贯彻习近平总书记视察山西重要讲话重要指示和考察调研山西重要指示精神，站位全国全省大局，结合自身比较优势，响亮提出“1221”战略举措，奋力建设全省全方位推动高质量发展先行区。

激活“一谷”动力源，向创新生态要活力

以建设宜教、宜学、宜研、宜创、宜业、宜居“六

·知识链接·

晋中“六个一”先行目标

晋中市第十二次党代会聚焦建设全省全方位推动高质量发展先行区战略目标，提出“六个一”先行目标。

一个引领。以干部思想解放和科技人才集聚引领全方位推动高质量发展，力保全社会研发经费投入占GDP比重年均增长10%以上，达到全国平均水平，在科教人才创新资源转化上先行。

一个高于。主要经济指标增速高于全省平均水平，经济总量和市域经济增长速度迈入全省前列，GDP力争突破2300亿元，在打造极具影响力的市域经济实力上先行。

一个转变。由资源依赖型经济模式向技术创新型多元化经济结构转变，以先进制造业为支撑的现代产业体系初步形成，第三产业增加值占GDP比重不断提高，在优化经济结构战略调整上先行。

一个前移。城市综合竞争力在全国、全省地级市位次前移，软实力、影响力持续增强，创建全国文明城市，在物质文明与精神文明协调发展上先行。

一个提升。人民群众生活质量稳步提升，常住人口城镇化率年均提高1个百分点以上，居民收入年均增长8%以上，绿色低碳生产生活方式基本形成，在打造共同富裕高品质生活上先行。

一个领先。党的建设整体水平保持全省领先，政府治理能力现代化水平进一步提升，政府效能、发展环境、城市形象走在全省前列，一批典型经验和做法在全市普及、向全省乃至全国推广，在市域社会治理能力保障上先行。

位一体”山西创新高地和人才高地为目标，以山西大学城入驻高校和山西农大、山西师大为依托，以山西转型综改示范区晋中开发区为支撑，北延百里龙城区域、东进晋中职教港、西拓武宿国际机场临空经济区、南连百里潇河生态产业区，覆盖山西智创城4号、金科创新孵化中心，规划建设核心区域面积66平方公里的山西智创谷，打造极具活力、充满潜力、富有魅力的山西版“中关村”。坚持教育优先发展，驱动人才“强引擎”、激发创新“加速度”，以前瞻性基础研究、原创性成果突破、关键核心技术引领、现代科技成果应用、颠覆性技术创新，全力建设山西智创谷，为推动全省乃至全国科技创新发展贡献力量。

增强“两区”主引擎，向金字招牌要效应

用活资源型地区转型综改金字招牌，牢固树立做大做强开发区的理念，力推传统产业存量革命、新兴

山西大学城

·知识链接·

“484”现代农业产业发展矩阵：2022年2月，晋中着眼晋中农业发展现状，提出市、县、乡、村以产业园区为基础、以示范廊带为轴线、以市场主体为载体、以培育品牌为引领、以龙头企业为带动，构建现代农业产业发展矩阵。第一个“4”即市级层面“4个十”，指创建十大农业产业园区、培育十大农业龙头企业、打造十大农产品知名品牌、建设十大农田水利工程；“8”即县级层面“8个一”，指每个县（区、市）建设一个农业高质量发展示范区、打造一条乡村振兴示范廊带、形成一个市场化科技服务体系、制定一个城镇化发展规划、培育一批市场主体、打造一个突出品牌、建设一批农田水利基本建设项目、出台一个支持“三农”发展意见；第二个“4”即乡级层面“4个有”，指推动101个乡镇均有一个主导产业、有一个龙头企业、有一批示范主体、有一个集中连片生产单元。

产业增量崛起、特色产业扩规增效，力促山西转型综改示范区晋中开发区2025年总产值达到1500亿元，开发区“1+10”联合体投入和产出占到全市新增量的80%以上，走出一条适应新一轮科技革命、符合产业变革方向的工业强市之路。用好晋中国家农高区金字招牌，以有机旱作农业为主题，以“特”“优”农业产业为

晋中国家农高区

主导，构建全市“484”现代农业产业发展矩阵，带动农业规模化、专业化、品牌化发展，打造立足晋中、辐射山西、面向全国的现代农业产业发展典型样板，走出一条以晋中国家农高区为牵引、示范推动农业农村高质量发展之路。

筑牢“两翼”支撑点，向区域协调要发展

按照“一群两区三圈”城乡区域发展新布局要求，推动基础设施、产业布局、生态环境、公共服务等高效协同联动，构建以平川、东山为“两翼”的区域协调发展格局。把优化产业结构作为头等大事，东山要加快非常规天然气开发与综合利用基地建设，平川要大力实施产业结构调整和优化行动。把全面推进乡村振兴作为主攻方向，东山要着力提高农民增收致富的持久力，平川要着力推动农业向规模化、产业化、品牌化迈进。把加快文旅融合发展作为战略之举，东山要做足“山”文章，平川要做强“院”文化。把生态环境治理作为重中之重，东山要让太行山绿起来，平川要让汾河风光美起来。把加快城市群一体化发展作为重要载体，东山要加快小县城精品打造，平川要让晋商文化成为城市发展的“魂”。

强化“一力”硬保障，向治理能力要效能

统筹经济、政治、文化、社会和生态文明建设，健全党委领导、政府负责、民主协商、社会协同、公众参与、法治保障、科技支撑的共建共治共享新格局，不断提高社会治理的社会化、法治化、智能化、专业化水平，为建设全省全方位推动高质量发展先行区提供治理支撑。

二、坚守初心勤耕耘，交好时代新答卷

2021年，面对外部纷繁复杂的宏观经济环境，面对疫情汛情的双重考验，晋中牢牢把握稳中求进工作总基调，爬坡迈坎、滚石上山，全力推进经济稳中加固、稳中向好。地区生产总值当年净增359.7亿元、历史最高，固定资产投资额连年稳居全省前三，社会消费品零售总额同比增长15.1%，增速分别高于全国、全省2.6个和0.3个百分点，实现了“十四五”的良好开局。

大战略挺起硬脊梁

近年来，国家和省在晋中大地相继布局了山西大学

城、晋中国家农高区、山西转型综改示范区晋中开发区等众多国家和省级战略。晋中站位大局，坚决担起时代赋予的新使命，着力推动国家和省级重大战略落地见效。

高站位打造山西“智创谷”。山西大学城已入驻晋中十年有余，集聚全省高校11所，高端人才资源全省独有。如何把科教优势转化为发展优势，是亟待破解的重大时代课题。2021年，晋中立足驱动大学城人才“强引擎”、激发农高区创新“新动能”，规划了核心区面积66平方公里的“智创谷”，集人才、文化、科研、转化、创业、就业、产业于一体，打造极具活力、充满潜

晋能光伏太阳能实验室

高品质文化盛宴“梦幻·千手观音”实景灯光造型

力、富有魅力的山西版“中关村”。全省首家省校合作工作服务中心投入使用，以汉云谷产业园为代表的72家企业及项目进入，带动全市省级众创空间达到19家，省级以上重点实验室和工程（技术）研究中心总数31家，国家级高新技术企业277家，均居全省前列。全市研究与试验发展投入经费强度1.25%，超过全省平均水平。

高质量建设山西“南引擎”。山西转型综改示范区晋中开发区是山西转型综改示范区建设的“一个主战场、两个集团军”之一，是驱动山西中部城市群发展的重要“南引擎”。晋中着眼全省大局，强化开发区“主战场”意识，以“九化”发展路径推进综改区与晋中协同发展，举全市之力推动要素向开发区集聚、精力向开发区集中、高科技产业向开发区布局。2021年，山西转型综改示范区晋中开发区市场主体净增1260户，达到7529户，增长20%；地区生产总值、规上工业增加值分别增长10.3%、20.5%；滚动开展“三个一批”活动4次，带动全市“1+10”开发区联合体签约项目开工率、开工项目投产率、投产项目达效率均居全省前列，其中88个产业类项目全部投产达效、全省第一。2022年，抢抓国家立足长远、适度超前谋划重点项目的政策机遇，全市共谋划储备重大项目810个，规划总投资1.4万亿元，排全省第一。

高水平打造太原晋中太谷城市核。区域中心城市是带动区域发展的龙头。晋中主动融入山西“一群两区三圈”重大布局，立足太原晋中两市地缘相接、人缘相亲、经济相融的特点，全面增强“补台补位”意识和“错位发展”意识，加快实施两市协定的规划衔接、产业布局、基础设施、生态治理、公共服务、要素配置“六个一体化”。2021年，坚持基础设施先行、路网建设打头，推动武宿（国际）机场空港配套工程（晋中区域）、青银二广高速太原联络线等大块头项目加快实施。向北，龙城区域8条道路加速百里龙城大开发；向南，农谷大道纵深对接太谷，融合“一市两区”；向西，榆次工业园12条道路及淳湖路建设，打破雨水排放瓶颈；向东，广安街挺进汽车园区，拓展服务半径，不断增强城市发展潜力。

新产业推动快转型

产业是推动经济发展的核心和基础，是做强高质量发展的主支撑。晋中大力实施动能转换和结构调整，加快打造具有晋中特色、可以有效支撑转型的现代产业体系。

工业新型化步伐加快。在晋中新能源汽车产业园吉利汽车生产厂区，吉利G3甲醇增程重卡已经完成生产

整装下线的吉利新能源汽车

美锦氢能重卡

线改造，2022年6月22日将实现整车下线。这一款重卡汽车是晋中启动建设的国家级甲醇经济示范区一个标志性产品。新能源汽车产业在晋中重点培育打造的8个新兴产业集群中居首位，已经形成乘用车、商用车、专用车三大主导产品的“一链三线”战略布局，目前在山西汽车产业中链条最长、规模最大、种类最多，是山西汽车产业制造的核心区，2021年，产值达109.2亿元，带动机械业成为全市第二大工业行业。2022年5月，新能源汽车产业链被省委、省政府确定为全省重点打造的十大产业链之一，吉利晋中基地被确定为首批“链主”企业。

农业“特”“优”化日趋凸显。推动农业“特”“优”发展，开展有机旱作农业示范市建设，2021年建成省市

·特别关注·

乡村振兴“一片一带一圈”示范廊带

晋中以通道为轴线、以产业为依托、以村庄为单元，实施乡村振兴“一片一带一圈”示范廊带建设，努力构建“乡村振兴示范村展示区、现代农业产业引领区、新型职业农民创业创新区、乡村旅游生态标杆区”，着力打造“一看就懂、一学就会、一干就成”的样板，努力为全市乃至全省提供可借鉴、可复制、可推广的经验。“一片”指在榆次、太谷、寿阳三个县（区）建设百公里乡村振兴示范片；“一带”指以108国道、汾河为轴线，结合沿线现代农业示范园区建设，在榆次、太谷、祁县、平遥、介休、灵石6个县（区、市），建设平川百公里乡村振兴示范带；“一圈”指围绕太长高速、南太线、207国道、九榆线，在太谷、榆社、昔阳、和顺、左权、寿阳、榆次7个县（区），建设全程130公里的以东山地区为主的乡村振兴示范环线。

县三级有机旱作农业示范片36处、29.6万亩，形成玉米、高粱、谷子等15种典型旱作种植模式。智慧农机示范园、全国第一台鸿鹄T－150新概念无人驾驶拖拉机落户农谷，太谷区被确定为全国首批农业现代化示范区。以“一片一带一圈”建设为引领，加快推进农产品加工产业集群，新建杂粮、蔬菜、水果、畜禽标准化示范园（基地）70个，农产品精深加工十大产业集群产值达到216.9亿元，同比增长62.6%。主要农作物综合机械化率达到79.5%，连续10年稳居全省第一。第七届山西农交会、中国农民丰收节山西庆祝活动、中国乡村振兴（太谷）论坛齐聚晋中。

三产服务业不断壮大。文旅产业是晋中的优势产业。作为晋商故里、革命老区，这里有1067处重点文物保护单位、5539处不可移动文物，其中国家级重点文物保护单位69处，总量居全国第五、全省第四；有A级景区39家，数量居全省第一。立足这些优势，晋中持续打响晋商文化、红色太行、都市休闲三大文旅品牌，建成“四好农村路”和太行一号旅游公路186.7公里、301.8公里，全省“四好农村路”和三个一号旅游公路建设观摩会在晋中召开。平遥古城连续16个月荣登全国5A景区百强榜前10，榆社云竹湖景区成为全省唯一入选国家体育旅游示范基地的景区。以中鼎物流、成十货运平台为典型，推动现代物流业提质增效，规模以上交通运输业营业收入同比增长114%。奥莱、万达等大型商业综合体成为太原和榆次周边有名的购物区，形成山西中部城市群的区域消费中心。

太行龙泉国家森林公园山清水秀。

深改革激发大活力

晋中要加快建设全省全方位推动高质量发展先行区，必须把改革作为头等大事，坚持整体推进与重点突破相结合，以深层次改革引领“高质量”，以高水平开放带动“全方位”。

重点改革蹄疾步稳。能源革命事关转型成效。扎实做好煤、气、电、新4篇文章，15个智能化煤矿综采工作面通过验收，寿阳新元矿成为全国首座5G煤矿，煤炭先进产能加快释放，加速电力产业优化升级，晋中风电、光伏、生物质等新能源装机容量267万千瓦，占全市发电总装机的1/3。开发区“三化三制”“承诺制+标准地+全代办”改革取得实效，“1+10”联合体贡献全市70%的新兴产业产值。

特色改革百花齐放。晋中充分尊重基层首创，鼓励开展各类试点改革，一大批基层改革走在了全国全省前列。经纬智能纺织机械有限公司入选第二批国家级“两业”融合试点；介休市被列为国家基层卫生健康综合试验区，为华北地区唯一入选的县级市；榆次锦纶街道玉湖社区和介休西关街道馨园路社区被国家卫健委通报命名为全国示范性老年友好型社区；和顺松烟派出所“警务进社区、服务零距离”基层社会治理新模式入围全国“2021社会治理创新”点赞名录单位，为全省唯一。

营商环境改革成效突出。晋中坚持问题导向，从群众和客商体验入手，着力破解营商环境的堵点、痛点、难题问题，在全国地级市中率先出台优化营商环境实施办法，企业投资项目承诺制改革成为全国样板，“一网全办好”、政务服务全代办做法入选中国营商环境典型案例，晋中成为全国优化营商环境综合表现突出城市。良好的营商环境有力激发了市场活力，2021年全市各类市场主体增长60%、达到34万户，排全省第三；20户企业上榜全省民营企业百强，全省数量最多。

对外开放硕果累累。晋中主动融入国内国际双循环，主动承接国内优势产业、优质项目梯度转移。祁县特色产业合作区成为全国首个以“一带一路”命名的国家级合作区，中鼎物流园累计开行中欧、中亚班列500多列。2021年，全市进出口总额完成33.9亿元，同比增长69.3%，增幅居全省第二。成功举办平遥国际摄影大展、平遥国际电影展，充分展现了晋中对外开放的新形象。

生态绿擎起晋中蓝

青山就是美丽，蓝天也是幸福。建设美丽晋中必须深入践行“两山”理论，持续守牢良好生态这条发展的生命线。晋中守底线、筑高线，奋力书写精彩的生态答卷。

污染防治筑牢基底。持续攻坚大气、水、土壤污染防治，紧盯平原地区散煤清零、工业企业深度治理、黑臭水体综合整治、农业面源污染管控、土壤污染防治立法等关键环节，建成黄河流域首个再生水水权交易平台，地表水考核断面全部退出劣V类、达到考核标准，空气质量综合指数好转率连续两年稳居全省第一。2021年PM2.5浓度37微克/立方米，达历史最好水平。全力开展秋冬季大气污染综合治理攻坚，冬奥会开闭幕式当日PM2.5浓度均为24微克/立方米，达到一级优水平；赛事期间，SO_2平均浓度同比下降53.3%，降幅为全省最高，圆满完成各项保障目标要求，为绿色冬奥贡献了晋中力量。

生态建设绿染山川。祁县汾河廊带生态旅游通道是晋中汾河百公里中游示范区项目建设的重要景点之一。2021年，高标准完成“两园一站”、景观带绿化、生态带绿化建设，进一步展现了汾河“一路贯通、两岸景绣、三河汇流、全域振兴”的生动美景。据统计，2021年晋中通过实施汾河百公里中游示范区建设和云竹湖生态保护修复等，完成水土流失治理面积53万亩；按照“山上治本、身边增绿、丘陵增效、城乡增景”整体布局，完成荒山绿化45.7万亩，绿化村庄1240余个，11个城市实现森林公园、湿地公园“两园”全覆盖。良好的生态有力提升了固碳汇碳和消尘净化能力，2022年春节期间，无论是本地市民还是外地游客，都真切感受到晋中环境质量的明显提升，由衷地感叹：“今年这个春

晋中东山光伏发电一角

节，蓝天白云越来越多了，环境越发干净整洁，空气也越来越清新。”

大投入彰显惠民情

民生无小事，枝叶总关情。晋中始终把增进民生福祉作为做好工作的出发点和落脚点，努力让人民群众底气更足、笑脸更多。

聚力攻坚重点民生。扎实推进脱贫攻坚成果同乡村振兴有效衔接，严格落实过渡期内“四个不摘”要求，2021年市县两级共计投入衔接补助资金和脱贫县统筹整合财政涉农资金15.7亿，投放小额贷、支农贷、粮油贷等11.3亿元，切实提升脱贫地区产业增收能力，筑牢易地扶贫搬迁后续保障，兜牢规模性返贫底线；撬动社会资本100多亿元，按照产业支撑型、创新发展型、党建引领型、能人带动型、生态优先型、文化自信型6种乡村发展模式，着力打造“一看就懂、一学就会、一干就成”的乡村振兴示范样板，成功创建60个示范村、115个重点治理村、23个农业产业园区，引领乡村振兴纵深发展。

合力发展基本民生。深入实施以“六化一提升”为内容的城市更新行动，群众获得感、幸福感、安全感放眼可见、切身有感。扎实推进重点群体就业创业，城镇新增就业和农村劳动力转移分别完成省定任务的121.6%、137.2%。统筹推进学前教育、义务教育、高中教育均衡发展，晋中职业教育经验做法在全省推广。加快山大二院南院、山西中西医结合医院晋中院区建设和市传染病医院、市妇幼院、市中医院改扩建，中医馆实现乡镇（社区）全覆盖。

全力兜牢底线民生。2021年，晋中在持续做好常规性安全稳定工作的同时，迎来了疫情防控和秋汛洪灾的双重考验。2021年10月，50多年不遇的秋汛洪灾侵袭晋中，面对艰巨繁重的恢复重建任务，晋中聚焦民生基础设施建设、农业生产自救、工业企业复工复产、服务业恢复生产，用3个月时间全部抢通了413处灾毁农村公路，全部修复了197处农村供水工程，全部完成了14340户受灾农房修缮工作，用实际行动守牢了群众的生产生活底线。面对新冠肺炎疫情冲击，特别是2022年2月发生的太谷区局部输入性疫情，晋中以最坚决的态度、最迅速的行动、最果断的措施，调集全市资源，采取针对性措施，快速高效处置，打赢了一场人民至上、生命至上的抗疫阻击战。

三、锚定发展新航向，奋力开启新征程

奋进新时代，走好新征程。晋中坚持以习近平新时代中国特色社会主义思想为指导，深入学习贯彻习近平总书记考察调研山西重要指示精神，全面落实“疫情要防住、经济要稳住、发展要安全”重要要求，按照山西省第十二次党代会精神要求，抢抓山西中部城市群高质量发展和率先打造太原榆次太谷城市核机遇，锐意进取、开拓创新，扬优成势、抢先发展，为续写山西践行新时代中国特色社会主义新篇章贡献晋中力量。

以智创谷为引领，加快开创太原晋中一体化新局面

主动融入山西中部城市群高质量发展，以榆次太谷与太原协同联动打造城市核为牵引，实施发展规划、产业项目、基础设施、交通设施、市场要素、公共服务六个一体化，推动晋中城区城市建设用地总规模扩大到235平方公里。加快基础设施互联互通，对接太原和山西转型综改示范区，加快解决两市“卡脖子路”问题，智创谷基础设施投资完成150亿元以上。加快产业发展互融互促，探索土地资源共享“飞地经济”，推动高端

装备制造、新能源汽车、信创等产业链延伸互补。加快公共服务互惠互享，优化两市公交线路，推进企业开办、涉税等高频事项跨市通办，推动户籍迁移、机动车注册登记等事项同城待遇。

·知识链接·

飞地经济：指两个互相独立、经济发展存在落差的行政地区打破原有行政区划限制，通过跨空间的行政管理和经济开发，实现两地资源互补、经济协调发展的一种区域经济合作模式。

以开发区为载体，加快走好高质量转型新路径

新兴产业是转型发展的希望所在，依托“1+10”开发区联合体，立足高端装备制造、现代物流、新材料等8个新兴产业集群，推进实施链长制，拿出10条重点产业链，认定一批“链主”“链核”企业，重点做大做强晋中新能源汽车产业链，通过建链延链补链强链，全面提升全产业链发展水平，推动新兴产业发展由链到群，引领转型。优势传统产业是当前经济的支撑所在，围绕投入产出水平、能耗强度和总量、全员劳动生产率，不断提升含金量、含新量、含绿量，以传统优势产业优化升级、支撑转型，特别是将煤炭增产保供作为“国之大者”，加快释放潜力产能，推动煤炭智能绿色安全开采、清洁高效深度利用，确保煤炭产量年均保持在1亿吨以上。服务业占晋中经济的“半壁江山”，要

持续扩大服务业有效供给、优质供给、高端供给，加快打造山西中部城市群区域消费中心。

以文化为灵魂，加快建设文旅融合发展新高地

文兴则城盛，文富则城强。统筹旅游发展、特色经营、古城保护，做好文旅、文物、文创融合文章，加快创建国家文化生态保护区、国家全域旅游示范区，打造集“体验、互动、跨界”于一体的“云上晋中”文旅融合发展4.0版。深挖晋商文化内涵，成立晋中晋商文化研究会，支持平遥打造国家级文化产业示范区，保护好平遥古城世界文化遗产的传统格局、历史风貌和文化遗存，做大做强平遥牛肉、推光漆器、老陈醋等特色品牌，用品牌占领市场和引领生产。深挖太行精神时代价值，创建左权省级红色革命文物保护利用示范区，打造高品质太行游、红色游、乡村游。

以“双碳”目标为牵引，加快开拓美丽晋中新境界

制定实施“双碳”政策体系，严控“两高”项目盲目发展，推动新能源电力装机达到400万千瓦以上，加快打造一批智慧校园、光伏小镇、零碳小镇，让绿色低

碳成为最鲜明的风向标。持续攻坚污染防治，高标准整改中央生态环保督察反馈问题，强化农业面源、重点企业等土壤污染管控，深入开展超标入河排污口整治，全面完成水泥、焦化行业超低排放改造和平原地区散煤清零，让天蓝、水清、土净成为美丽晋中新常态。持续厚植生态底蕴，开展国土绿化行动，年均完成造林45万亩以上，森林覆盖率提升1个百分点以上。严格“四水四定”，落实农业节水增效、工业节水减排、城镇节水降损，加快推进云簇湖生态保护修复等，绘就人与自然美美与共的山水画卷。

乔家大院景区一角

以增福祉为核心，加快打造共创共富新样板

以农业“特”“优”为方向，大力实施乡村振兴战略，持续推进巩固拓展脱贫攻坚成果与乡村振兴有效衔接，接续推动脱贫地区发展和群众生活改善，确保共同富裕道路上一个都不掉队。持续加大民生保障投入力度，统筹做好普惠性基础性兜底性民生建设，用心用情用力做好就业、社保、养老等民生工作，用功用力推动教育、医疗、养老等各项公共服务提质升级。树牢总体国家安全观，抓紧抓实抓细疫情应急处置和常态化疫情防控各项措施，切实筑牢疫情防控的“钢铁长城”；持

清漳河良好生态吸引野鸭、鸳鸯等动物前来。

续开展安全生产隐患排查整治工作，着力补短板拉长板固底板，不断提升本质安全水平；坚决维护社会和谐稳定，把握意识形态工作主动权，积极建设更高水平的平安晋中。

潮起海天阔，扬帆正当时。沿着习近平总书记指引的金光大道，迎着新时代的万丈霞光，踏着激昂奋进的时代旋律，晋中将不断强化政治引领，狠抓队伍建设，创优发展环境，提升治理能力，以更加饱满的热情、更加昂扬的斗志、更加奋进的姿态，迎接新挑战，创造新辉煌。未来的晋中，充满希望、更加精彩！

泉是我家
建靠大家

第七章

红色阳泉展新貌

——全方位推动高质量发展阳泉篇

阳泉，古称漾泉，是山西东大门，也是中国共产党亲手创建的第一座人民城市。75年的砥砺奋进，老区弄潮展新颜。阳泉站在新的起点，正在经历从“煤铁之乡”到“智慧之城”的华丽蝶变，“中共创建第一城”正焕发着城市发展的新活力。

迈进新征程，阳泉牢记领袖嘱托，高举习近平新时代中国特色社会主义思想伟大旗帜，贯彻落实山西省第十二次党代会提出的全方位推动高质量发展目标要求，全力打造资源型城市绿色转型的先行示范、融入京津冀协同发展的重要节点、城乡一体共同富裕的市域样板、拱卫首都的生态走廊、红色引领的文化高地。

阳泉立足实际、稳中求进，科学谋划“14510”总体思路和部署，聚焦“五大定位”，实施“十大战略”，以久久为功的韧劲、攻坚克难的闯劲、朝夕不倦的拼劲、虎虎生威的干劲，勇探全方位推动高质量发展阳泉路径，努力在山西中部城市群中争先崛起。

一、踔厉奋发目标明，聚焦“五大定位”奋勇探索

山西省第十二次党代会明确将阳泉纳入山西中部城市群。阳泉聚焦省党代会赋予的发展定位，结合阳泉市第十三次党代会“14510”总体思路和部署，聚焦“五大定位”，找准在全省发展大局中的定位和着力点，在山西全方位推动高质量发展的壮阔征程中贡献阳泉力量。

打好转型升级“组合拳”

建设资源型城市绿色转型的先行示范，不断提升

阳泉市城市风貌

高质量发展的含金量、含新量、含绿量。阳泉坚持以产业强市为本，争当建设“国家资源型经济转型发展示范区”“全国能源革命综合改革试点先行区”和“中部地区先进制造业基地”的先行者。传统产业方面，以智能化、绿色化、高端化、品牌化赋能传统产业，加快煤炭、装备制造、耐材、陶瓷等传统产业内涵集约发展。新材料产业方面，重点打造新能源电池产业链、新型有色金属产业链、新型碳基产业链、绿色建材产业链、新型半导体新材料产业链等五大新材料产业链，构建多链互补绿色低碳的新材料产业体系。数字经济领域，充分利用省级新型智慧城市试点、“1+3+N”城市级大数据中心枢纽节点等政策赋权，编制《数字经济优先发展战略三年行动计划》及配套措施，相继引进了中关村软件园等龙头企业，阳泉百度Apollo Park开园暨全国首个车城网数字经济示范运营基地启动，百度Apollo无人驾驶、新石器“5G+无人车”“萝卜快跑”自动驾驶出行等项目相继落地。服务业扩容提质方面，重点发展平台经济、现代物流、文化旅游、康养产业，聚力打造五大生产性服务业集聚区，建设五大公共服务标杆工程，推动服务业提质升级。

奏响协同开放“交响曲”

建设融入京津冀协同发展的重要节点，拓展高质量发展新空间。阳泉坚持以开放活市为要，争当建设“内陆地区对外开放新高地”的先行者，在全省率先建立跨省域协同发展示范区，主动融入京津冀，当好桥头堡。聚力打造“六大节点”：积极谋划石太第三通道，争取“太原—雄安”高速过境阳泉，打造联通京津冀的重要交通节点；抓住京藏走廊通过阳泉的重大机遇，打造京津冀向中西部地区辐射的重要物流节点；建立跨省域产业协同发展合作区、承接产业转移，强化省域间数字经济、新材料、新能源等产业链供应链的对接协调，打造服务京津冀产业的生产配套节点；发挥阳泉土壤富硒优势，发展特色精品农业，打造服务京津冀的绿色优质农产品的供应节点；依托山西智创城7号等创新平台，打造科技与人才交流服务的重要节点；依托阳泉气候、区位、饮食、文旅优势，发展“药医养健游”产业链，打造高品质文旅康养产业节点。

绘就共同富裕“全景图”

建设城乡一体共同富裕的市域样板，让人民群众共享高质量发展成果。阳泉大力实施全域协调战略、民生提质战略，探索城乡一体、共同富裕的新路径。做优中心城市，以全域空间一体化布局为立足点，进一步完善城市功能、提升城市品位、强化城市管理，不断提升规划、建设、管理水平，建设宜居宜业宜商宜游的花园城市。做强县域经济，以创建国家卫生县城为抓手，加快推进县城更新改造，推动公共服务和基础设施向近郊村镇延伸，促进县城城乡接合部实现社区化发展。推进乡村振兴，以壮大集体经济为支点撬动乡村振兴，做好农村集体产权制度改革“后半篇文章”，探索资源利用、服务创收、旅游带动、股份合作等农村集体经济发展新模式。贯通城乡一体的体制机制，加快建立城乡统一的建设用地市场，建立城乡人口、金融要素双向自由流动的体制机制，推进城乡要素配置合理化、城乡基本公共服务均等化，形成城乡互补、共同富裕的新局面。

开辟绿色低碳“新路径”

建设拱卫首都的生态走廊，厚植高质量发展的生态底色。阳泉坚持以生态立市为基，大力实施生态筑基战略，争当建设“黄河流域生态保护和高质量发展重要实验区”的先遣队，打造晋东生态功能核心区，拱卫首都生态安全。推进环境治理，破解“生态难题”，持续对大气污染进行源头治理、深度治理、系统治理，开展饮用水源、黑臭水体、工业废水、城镇污水、农村排水五水同治，坚决打好“蓝天碧水净土”保卫战；加强修复保护，涵养生态资源，加快推动产业、能源、交通、用地等结构调整，加强水源地及水源涵养区等生态功能区建设，一体推进山水林田湖草沙系统治理，绘好阳泉“山水田园画”；发展“生态经济”，以“互联网+生态”赋能观光农业、文化旅游等产业，激活绿色消费、体验消费等新热点，建设循环经济产业园，推进城乡绿化、绿色建筑、环保和清洁能源等绿色基础设施建设，让沉睡的绿水青山变成家门口的“绿色银行”。

打造红色文化“新高地”

建设红色引领的文化高地，用璀璨文化之光照亮高质量发展之路。阳泉坚持以文化兴市为魂，深入挖掘和塑造“中共创建第一城”红色品牌，打造红色领航、独具特色的文化高地。以理论武装铸魂，坚持以学习宣传贯彻习近平新时代中国特色社会主义思想为首要任务，认真落实意识形态工作责任制，新时代文明实践中心（站、所）建设实现全覆盖；以红色文化聚力，集中打造老城区红色旅游片区，用好百团大战纪念馆、七亘大捷纪念地等红色教育基地，打造全国党员干部锤炼党性的重要阵地；以品质文化惠民，深入开展文化惠民工程，建设阳泉市委党校、百团大战纪念馆、“阳泉记忆·1947”文化园3个红色教育综合体，全方位塑造“中共创建第一城”的城市品牌形象。

传承红色基因，积蓄奋进力量。“中共创建第一城”旧址已成为阳泉市具有代表性的红色地标。

二、锐意转型步履坚，落实“十大战略”开创新局

击鼓催征开新局，奋楫扬帆新征程。阳泉全面贯彻落实山西省第十二次党代会决策部署，高效统筹疫情防控和经济社会发展，扎实做好“六稳”工作，全面落实“六保”任务，全市经济稳中向好、社会大局和谐稳定，实现了“十四五”良好开局。2021年，全市经济总量增量同步跃升，地区生产总值跨越800亿、900亿两个台阶，达到916.6亿元，是建市以来经济增量最多的一年。

实施工业赋能育新战略，构建多业支撑、多链互补的绿色低碳产业新体系

煤炭是阳泉传统优势产业。近几年，阳泉从“量积累”到“质提升”，从“老产业”到“新动能”，绿色转型步履铿锵。在保障能源安全和稳定煤炭生产的前提下，明确以采掘智能化工作面建设为重点，推动生产煤矿信息化和智能化转型升级，同时，全面加快推进西上庄、盂县坤宁等4座现代化矿井建设，让传统产业稳中有进。华阳集团一矿81405高抽巷掘进工作面成为山西

智慧矿山阳泉冀东水泥5G智能矿山无人驾驶项目是国内水泥行业首家实现纯电动、数字化、绿色智慧矿山的编组示范工程项目。

首个高级智能化采掘工作面，可对全部作业过程实施精准制导及监控。传统产业转型迈出新步伐，战略性新兴产业发展势头同样强劲，仅2022年前两个月，阳泉就新增了23家战略性新兴产业企业，总数达到67家，增加值同比增长59.4%。在新能源电池产业链方面，围绕储能电池、光伏电池、燃料电池、动力电池方向，加快推进山西华储光电5GW高效光伏组件制造项目、多氟多年产2万吨六氟磷酸锂项目、平定县新能源电池小镇等一批重点项目。持续提升气凝胶系列材料、石墨烯储能材料、高强高韧铝合金、泡沫铝等新材料产业基础能力和产业链水平，加快打造新材料产业集群，为全市经济发展注入澎湃新动能。

实施数字经济优先发展战略，塑造弯道超车、换道领跑的新优势

阳泉不断提升产业发展的含金量、含新量、含绿量，从“煤城”到“智慧之城”，从“传统经济”到“数字经济”，转型升级渐入佳境。作为国家支持的智能物联网应用基地试点城市和山西省支持的首批新型智慧城市试点市之一，阳泉发展数字经济有基础、有优势，有场景、有前景。携手百度公司，开展山西（阳泉）自动驾驶车路协同示范区建设，成为全国首个全域开放自动驾驶的地级市；“5G+数字矿山”“5G+自动驾驶”等5G创新融合示范应用走在全国前列。启动了以“城市大脑”为牵引的新型智

·特别关注·

山西阳泉：
中国首个全域开放自动驾驶的城市

阳泉围绕“智车之城”建设，打造“车城网+数字经济”品牌，一系列项目先后落地。2021年，阳泉联合百度、智行者、高仙科技等头部企业，启动车城网建设，包含智慧交通基础设施改造、Apollo Park、自动驾驶出行服务等10个子项目，项目启动以来，阳泉市在市区全域双向100公里的道路上新建44个车路协同智能化基础设施路口，并与山西省交通强国建设试点自动驾驶车路协同示范区项目中建设的6个路口相连，形成核心区域基础设施全域覆盖，阳泉成为中国首个全域开放自动驾驶的城市。

慧城市建设，一“屏”观天下，一“脑”管全城，为实现城市治理现代化目标迈出了坚实一步。加快放大特色优势，推动百度云计算中心(二期)、中电数字经济产业园、车城网等项目建设，实现以大数据中心为基础的下游产业延伸，以数字经济产业园为平台的信创企业集聚，以车城网等场景应用为重点的“智车之城”关联产业汇聚。积极探索构建数智“双碳”产业体系，阳泉高新区在全省率先布局建设数智“双碳”产业先导区。

实施服务业扩容提质战略，打造业态高端、消费升级的新支撑

服务业占据阳泉经济“半壁江山”，一头连着经济发展，一头连着民生福祉。阳泉把牢扩大内需这个战略基点，实施“5510”工程，培育壮大服务业市场主体，推动生产性服务业向专业化和价值链高端延伸，推动生活性服务业向高品质和多样化升级。确定了做大做强货运平台等30件攻坚事项，抓好奥特莱斯城市商业综合体等20个重点项目，出台加快发展人力资源服务业等17项扶持政策，着力创建以中电数字产业园为重点的数字经济服务集聚区、以山西智创城7号为重点的科技服务集聚区、以中天环保产业园为重点的节能环保治理服务集聚区、以“阳泉记忆·1947文化园”为重点的文化创意集聚区和以公铁联运为重点的现代物流集聚区。聚焦现代物流、数字经济、文化创意等领域，继续开展服务业集聚区谋划创建工作，三和园科技服务园、蒙牛现代物流集聚区、桃林沟旅游文化休闲集聚区主导产业突出、产业链条完整、竞争优势明显，成功列入省级现代服务业集聚区。

实施创新引领战略，培育潜力激发、活力涌流的新生态

阳泉以“湿地型”创新生态建设为方向，以创建国家创新型城市为统领，以科技体制机制重塑性改革为动力，以创新平台与人才团队建设为重点，打好创新主体培育、创新平台升级、创新人才集聚、创新文化提升的“组合拳”，构建“科技局+产研院+智库”创新服务体系，建智库、聚要素、育平台、造氛围，努力构建一流创新生态，推动增长动力向创新驱动转换。创新人才加速集聚，落实省委“晋籍”“晋历”“晋缘”指示要求，打造“贴心行动”升级版，吸引更多人才集聚阳泉。为经济发展注入新动能。发挥高端人才团队创新优势，引进科技部科技领军人才创新驱动中心（阳泉）落地云谷科技园，目前全国布局建设39个，山西仅此1个。创新主体培育壮大，入库科技型中小企业117家。科技成果加速转化，10个项目参加2021年度山西省科学技术奖励评审登记，全市技术合同交易额达16亿元。创新平台加快搭建，“一城一院多中心（室）”的高水平创新平台进展顺利，培育2家省级重点实验室。创新氛围日益浓厚，探索建立科研项目“揭榜挂帅”制度，给予创新人才更大自主决定权和经费使用权，进一步激发了创新活力。

实施营商环境首位战略，营造改革牵引、服务一流的发展新环境

阳泉持续打造“三无”“三可”营商环境，坚持对标先进、争创一流，强化改革创新、先行先试，聚焦国家评价指标，以“点”的攻坚突破带动“面”上整体提升，推动全市营商环境持续优化。按照简政放权简便化建设要求，发挥集中审批制度优势，在全市推行企业开办“1110”极简模式，推行“一表、一天、一环节、零费用”，市级行政许可事项全程可网办率达95.5%，审批环节平均减少25.9%、审批时限平均压缩33.9%。按照监管执法标准化建设要求，加强审批监管协同联动，推进监管执法标准化、规范化建设，全市监管事项全部被纳入“互联网+监管”系统，实现“无事不扰”又“无处

不在”。按照政务服务精细化建设要求，推行“承诺制+标准地+全代办”，打造100件“一件事一次办”服务套餐，为办事企业和群众提供全程导办、帮办和代办服务。按照制度保障法治化建设要求，制定出台简易合同诉讼快判、一业一证、分类审批等10余项涉及审批、监管、纳税、海关、科技、政府采购等领域的制度创新政策，不断推进市场化、法治化、国际化营商环境建设。“招商项目质量更优、签约落地进程更畅、工程建设速度更快、企业满意程度更高”的发展氛围日渐浓厚。

实施开放格局重塑战略，拓展优势互补、合作共赢的新空间

阳泉积极融入国内国际双循环，围绕打造山西中部城市群东翼的部署，确定“六协同六率先”思路，强化与“四市两区”合作，先行在基础设施互联互通、产业协作互补互促、创新体系互融互通等

·特别关注·

阳泉全力打造铁路商贸物流枢纽

阳泉充分发挥区位优势、资本优势和功能互补优势，大力发展铁路国际联运。2022年3月11日，载有58吨家具五金配件的铁路国际联运列车发车，从阳泉市出发前往蒙古国首都乌兰巴托。这是2022年阳泉市首次发运的铁路国际联运列车。从2021年6月16日市政府与中铁快运股份有限公司签订战略合作协议，到6月20日首列载有阳泉生产的耐火材料的铁路国际联运列车驶向蒙古国达尔汗，再到首次承接外省企业的订单，阳泉市沟通世界的国际铁路物流大通道正逐步拓宽。

方面破题开局。聚焦联通“太—阳—石”经济轴带，着力打造产业互补、要素互融、成果共享的联动区域，有效促进中部城市群联动发展。聚能建设大进大出“陆港型”大通道，发展开放型枢纽经济，加快阳涉铁路电气化改造，推动阳大与雄忻、太焦、邯长、和邢等铁路互联互通，打通东向出海口。聚合更广阔的开放领域，强化与“一带一路”、粤港澳大湾区、长江经济带、长三角一体化发展等重大战略衔接，探索与沿海省、市共建加工贸易产业园区。在北京举办2021中国·阳泉数字经济场景发布暨项目投资恳谈会，现场签约项目19个，总投资58亿元。建成市级外贸企业孵化中心，全年进出口总额完成13.1亿元。

易地扶贫搬迁群众住进平定县鹊山移民新区，不仅改善了居住条件，而且还能在相邻的扶贫产业园就近就业，走上了共同富裕的道路。

实施全域协调战略，探索城乡一体、共同富裕的新路径

做优公共服务，以全域空间一体化布局为立足点，进一步完善城市功能、提升城市品位、强化城市管理等重点工作，不断提升规划、建设、管理水平，建设宜居宜业宜商宜游的花园城市；加快推进县城更新改造，推动公共服务和基础设施向近郊村镇延伸，促进县城城乡接合部实现社区化发展。巩固脱贫成果，推进乡村振兴，持续落实“两不愁三保障”政策支持和易地扶贫搬迁后续扶持措施，完善防止返贫致贫动态监测和帮扶工作，巩固拓展脱贫攻坚成果同乡村振兴有效衔接项目，强化易地扶贫搬迁后续扶持，有力推动乡村振兴。

实施生态筑基战略，建设山清水秀、绿色发展的新典范

阳泉牢固树立“绿水青山就是金山银山”的发展理念，坚持山水林田湖草沙系统治理，不断改善生态环境。努力让蓝天常在，结合资源型、通道型的城市特点，坚持“降尘、治企、控煤、管车、应对”五管齐下，下大力气解决扬尘、尾气排放、企业排污等突出问

题，建成区及周边重污染企业全部搬迁改造或关闭退出；完成28万户清洁取暖改造，城市公交车、出租车全部更新为纯电动车。努力让碧水长流，坚持饮用水源、黑臭水体、工业废水、城镇污水、农村排水五水同治，常态化开展清河专项行动和入河排污口排查，推进城镇污水处理厂提标改造，水环境治理持续改善。努力让净土永固，统筹推进土壤污染治理和固体废物防治，完成20座矸山生态恢复治理示范工程，完成2.17万亩京津冀周边及汾渭平原废弃露天矿山生态修复，城市生活垃圾无害化处理率达到100%。2020年、2021年，“秋冬防”期间PM2.5平均浓度改善率持续排名“2+26”城市前10，2021年优良天数首次突破70%，PM2.5平均浓度43微克/立方米，创全市有记录以来最好水平。一项项任务落实到位，一个个举措务实创新，向党和群众亮出了天蓝水清地绿的生态底色，交出了一份满意的“绿色答卷”。

实施红色领航战略，铸就文化特质鲜明的新高地

红色是阳泉的底色。翻开历史长卷，这里拥有丰富的红色历史文化资源，渗透着厚重的红色文化基因。走进新时代，转型发展中的阳泉更加珍惜“中共创建第一城”这张夺目的红色名片，实施强化红色引领功能、

加强红色资源普查研究、塑造红色旅游名片、繁荣红色文化产业、构筑红色理论高地、打造红色教育综合体六大任务，以文化之根熔铸城市发展之魂，让红色基因融入阳泉儿女的血脉之中、代代相传。深度打造“中共创建第一城”旧址、“阳泉记忆·1947”文化园，成为干部群众点赞的“打卡地”“加油站”。持续深化文明城市创建，全市新时代文明实践中心（站、所）实现全覆盖，培育有影响力的文明实践志愿服务品牌27个，矿区水滩社区成为全国最美志愿服务社区。出台《阳泉市红色文化资源保护传承条例》，明确了红色文化资

“阳泉记忆·1947”文化园是由工业厂房改建而成的文化创意产业集聚区，是全国唯一以城市记忆为主题的沉浸式空间，已成为阳泉新名片。

源的含义，建立了红色文化资源保护制度，细化了红色文化资源保护措施，是全省首部以红色文化资源保护传承为主题的地方性法规。红色引领方向，红色积聚力量，行走在阳泉这片红色沃土上，处处感受到“中共创建第一城”正在积蓄的奋进力量。

实施民生提质战略，绘就幸福安定、自信自豪的新画卷

阳泉坚持增收首先增加民生投入，减支始终不减民生支出，努力创造“高品质生活”，让人人感受城市温暖、人人共享平安成果、人人都以阳泉为荣。有序开展社会救助，简化救助流程，畅通申请渠道，统筹各级资金资源，做好疫情防控期间困难群众社会救助工作，兜牢民生底线。不断加强社会保障，坚持促扩面、保调待、防风险、优服务相统一，努力构建覆盖全民、城乡统筹、公平统一、可持续的多层次社会保障体系。促进教育优质均衡，着力开展党建引领铸魂育人行动、立德树人培根启智行动、“双减”政策落地落实行动、优质均衡教育创建行动、职业教育高质量发展行动、人事薪酬管理改革行动、督导体制机制改革行动、智慧教育提档升级行动、人才保障事业

发展行动、校园安全专项整治行动，全方位推动教育高质量发展，努力办好人民满意的教育。织密织牢医疗保障网，强力推进“三特兴医”工程，累计创建10个省级重点专科、1个省级重点学科；作为全省唯一国家试点积极开展区域点数法总额预算和按病种分值付费工作，并在国家评估中获评优秀等次；在全省率先上线国家医保信息平台，并在全省医疗保障信息工作绩效评估中位居第一。2021年，阳泉荣获首批全国禁毒示范城市、平安中国建设示范市。一件件民生实事背后，是阳泉全方位高质量发展的律动脉搏，是对全市人民对美好生活期盼向往的有力回应。

三、笃行不怠向未来，坚持“八个不动摇”久久为功

阳泉将围绕全方位推动高质量发展，坚持“八个不动摇”，完善“12×3”工作矩阵，推动中央及省委各项决策部署在阳泉落地生根、开花结果。

狠抓补考进位不动摇

锚定全方位推动高质量发展目标任务，阳泉坚持赶

考与补考并重，在补考中加快赶考，加压奋进，全力赶超，确保经济稳中求进。抓好经济指标分析调度，精准开展入企帮扶，努力扩大有效投资，推动三次产业协同并进，确保经济增长达到全省平均水平，尽可能争取更好结果，推动进一步做大总量、突破千亿、位次前移，切实做到以稳促进、以进固稳。

狠抓转型发展不动摇

做优传统产业，重点稳煤电，通过工业技改、智能化绿色化改造提升传统产业内涵式发展水平。做强新兴产业，在重点布局五大产业链的同时，突出抓好数字经济产业，加快打造“智车之城”、省级大数据中心城市级枢纽节点、数智“双碳”产业先导区，让数字经济成为阳泉转型新名片。做大做优服务业，加快形成产业特色突出、集聚效应明显的服务业发展新格局。

狠抓项目建设不动摇

精准谋划项目，扎实开展项目建设前期手续办理“百日攻坚”行动，做深做实做细项目前期，切实提高项目成熟度。精准招引项目，紧盯“链主”企业精准招引，用好“链长制”，找准龙头企业和顶尖团队，确保招商成功率。精准服务项目，坚持要素跟着项目走、服务跟着项目走、工作跟着项目走，继续实行领导包联、专班服务、清单化管理等推进机制，滚动开展“三个一批”，创新开展重点项目观摩暨“看述评”活动，推动项目建设跑出“加速度”。

狠抓改革创新不动摇

进一步加快开发区改革，以“1+3”为总格局，对标省委“三个转变、四个强化”要求，聚焦升级国家级高新区，破解体制机制难题，加大市场化力度，推动阳泉高新区进入全省第一方阵，平定、盂县经济技术开发区在全省县管开发区中达到中游。进一步扩大开放，加速与中部城市群和京津冀联通、联动、协同、协作。进一步创新生态，打好创新主体培育、创新平台升级、创新人才集聚和创新文化提升的“组合拳”。进一步推动城乡一体化建设，加快城市扩容、南北拓展，加快平定与主城区的同城化和北部新城建设。

狠抓营商环境优化不动摇

聚焦“三无”“三可”要求，着力塑造一流营商环境。持续优化软环境，打造“五有套餐”和“7×24小时不打烊”政务服务超市，推动土地、资金、能耗指标等资源要素精准投到重点项目。持续做强硬件支撑，纵深推进开发区“承诺制+标准地+全代办”改革，打造平台3000亩以上，建设标准化厂房45万平方米以上，出让标准地占工业用地比重达到50%以上。坚决推动主体倍增工程，以硬考核推动硬任务，坚决夯实发展基础，在政策、服务上全面优化，形成有利于主体竞相发展的环境。

狠抓生态建设不动摇

树牢绿色生态是最大财富、最大优势、最大品牌的理念。深入推进环境治理，以更高标准打好三大保卫战，让蓝天常在、碧水长流、厚土永固。加强生态修复保护，一体推进山水林田湖草沙系统治理，统筹做好“两河四山一泉域”生态保护，高质量开展国土绿化行动和矿山生态修复工程。推动形成绿色生产生活方式，用好国家大宗固废综合利用示范基地这一国字招牌，建设循环经济产业园，推动产业生态化和生态产业化同步提速。

狠抓民生保障不动摇

坚持以人民为中心的发展思想，全力打造城乡一体共同富裕的市域样板。抓好重点群体就业，千方百计提高居民收入。实施“十百千”工程，努力办好人民满意教育。争取省级区域医疗中心市试点，探索高层次医疗卫生人才和优势医疗资源柔性引入。推广社区“嵌入式”养老服务站建设经验，满足多层次养老需求。慎终如始抓好疫情防控，毫不放松推进安全生产，确保人民群众生命财产安全和社会稳定，守好山西“东大门”，当好首都“护城河”。

狠抓作风建设不动摇

坚定不移扛起主体责任，把全面建设“清廉阳泉”摆到突出位置，对标省委目标要求，高站位谋划、高标准推进，蹄疾步稳推进“清廉阳泉”建设，推动全市各级党组织管党治党责任意识更加自觉，党内政治生活更加规范，权力运行制约监督机制更加健全，党员干部纪律意识、规矩意识明显增强，党风政风与社风民风良性互动，全社会崇廉尚廉的氛围日益浓厚，全面打造政治清明、政府清廉、干部清正、文化清和、社会清朗的优良政治生态和发展环境。

阳泉坚持把政治建设作为根本性建设，以高质量党建引领高质量发展。不断强化政治建设，坚持市委常委会前理论学习制度，持续引深学习习近平新时代中国特色社会主义思想，深刻认识“两个确立”的决定性意义，增强“四个意识”、坚定“四个自信”、做到“两个维护”，不断提高政治判断力、政治领悟力、政治执行力，坚决有效推动党中央决策部署和省委工作要求在阳泉落地见效。鲜明树立实干导向，持续深化“大抓落实年”建设，以科学规范的流程、明确具体的标准，形成抓落实的完整闭环。开展“五个一批”专项行动，大力选用“三强两好”干部，推动党员干部提神、提标、

提质、提速、提效。持续强化基层党建，以强基层组织、强基础工作、强基本能力为抓手，统筹推进农村、社区、机关、学校、国企等领域党组织建设，实施好“2+11”城市基层党建项目，推动“五级架构”扩面提质。持续开展“摸实情、送政策、解难题、促发展”大调研，进一步摸清基层痛点堵点，夯实工作基础。

阳泉始终牢记习近平总书记的殷殷嘱托，落实省委全方位推动高质量发展重大部署要求，构建全面贯通、深度协同的“12×3”工作矩阵，细化“14510”总体思路和部署的落实举措，为续写山西践行新时代中国特色社会主义新篇章贡献阳泉力量！

第八章

脊立太行跃新阶

——全方位推动高质量发展长治篇

上党从来天下脊。长治，位于山西省东南部，居于太行之巅，古称“上党”，是华夏文明的重要发祥地之一。这里拥有女娲补天、精卫填海、后羿射日等史前神话传说，被誉为“中国神话故乡”。这里是一片红色的沃土，抗日战争时期，中国共产党领导的八路军和太行儿女用鲜血和生命谱写了一曲万众一心、同仇敌忾、百折不挠、艰苦奋斗，争取民族独立和人民解放的英雄之歌，孕育形成了太行精神。

2009年5月，习近平同志瞻仰八路军太行纪念馆时，对弘扬太行精神提出明确要求；2017年6月，习近平总书记视察山西时强调，要弘扬太行精神，继承和弘扬老区优良传统，拿出当年八路军的那种精神、那种气概，坚持用革命精神滋养激励广大党员、干部。

山西省第十二次党代会明确了长治“建设全国资源型城市转型升级示范区，打造现代化太行山水名城”的发展定位，长治坚决落实省委部署，大力弘扬太行精神，继承当年老八路革命加拼命的劲头，扑下身子干、挺起脊梁扛，团结奋斗、持续奋斗、艰苦奋斗，努力开创全方位推动高质量发展新局面。

一、潮平风正两岸阔，点燃全方位高质量发展引擎

行进中的长治，正从新的历史起点出发，踏上新的赶考之路。建设什么样的长治、怎么建设长治、靠什么建设长治？这是必须回答好的必答题。

牢记领袖嘱托，弘扬太行精神

2009年5月，习近平同志在视察武乡八路军太行纪念馆时强调：结合新的实际与时俱进地大力弘扬太行精神，坚定正确的理想信念，始终保持对党对人民对事业的忠诚；坚持执政为民的政治立场，始终保持同人民群众的密切联系；锤炼坚忍不拔、百折不挠的品格，始终保持知难而进、奋发有为的精神状态，坚守党的政治本色，始终保持艰苦奋斗的优良作风，为推动经济社会又好又快地发展提供强大的精神动力。

牢记领袖嘱托，续写时代新篇。长治人民感悟领袖风范，铭记深恩厚爱，锚定转型不松劲，一张蓝图绘到底，扑下身子干、挺起脊梁扛，坚定不移地沿着习近平总书记指引的方向砥砺前行，把忠诚注入血液里、融入事业中、写在大地上。

迈进新时代，阔步新征程。长治把学习贯彻习近平总书记考察调研山西重要指示精神作为重要政治任务，弘扬太行精神，勇担历史使命，深刻认识“两个确立”的决定性意义，增强“四个意识”、坚定“四个自信”、做到“两个维护”，把习近平总书记的关怀关爱，化作踔厉奋发、笃行不怠的实际行动，不断开辟各项工作新境界。

·特别关注·

太行精神光耀千秋

山西是一片具有光荣历史的革命热土。抗日战争时期，山西作为华北敌后抗日根据地的中心，是八路军总部和三大主力师所在地，抗日战争的主战场之一。英雄的山西人民为夺取抗日战争的胜利，进行了不屈不挠的斗争，付出了巨大的牺牲，作出了突出的贡献，用鲜血和生命铸就了不怕牺牲、不畏艰难，百折不挠、艰苦奋斗，万众一心、敢于胜利，英勇斗争、无私奉献的太行精神。这个伟大精神滋养了几代太行儿女，激励了许多英雄模范人物的产生和成长。太行精神虽然产生于战争年代，但今天仍然具有强大的鼓舞力量和广泛的指导作用，应当结合新的实际大力弘扬。要拿出当年八路军的那种精神、那种气概，坚持用革命精神滋养激励广大党员、干部。

落实省委要求，明确推进路径

全方位推动长治高质量发展，使命更加光荣，任务更加艰巨。达成使命，目标必须清晰；完成任务，方向必须明确。

山西省第十二次党代会期间，省委主要领导参加长治代表团讨论，指出长治发展势头很好，在全省高质量发展格局中的地位日益凸显，对长治工作给予肯定，对

武乡八路军太行纪念馆是一座全面反映八路军抗战历史的大型革命纪念馆。

长治未来发展寄予期望。要求长治发挥区位优势，在内外联动上先行；强化项目带动，在产业转型上先行；推动生态修复，在绿色发展上先行；建强县城载体，在城乡融合上先行；赓续红色血脉，在真抓实干上先行。

2022年，山西“两会”上，省委主要领导参加长治代表团审议时，对长治工作提出三点希望：要勇挑重任，高质量建设晋东南城镇圈；要争做标杆，高标准建设全国资源型城市转型升级示范区；要创优特色，高水平建设现代化太行山水名城。

从山西省第十二次党代会的“五个先行”到2022年山西“两会”的“三大任务”，省委对长治的发展定位愈发清晰，擘画愈发深远。

热潮涌，宏图起，长治在内外联动上先行，集聚高质量发展动能；在产业转型上先行，筑强高质量发展优势；在绿色发展上先行，绘就高质量发展底色；在城乡融合上先行，引燃高质量发展引擎；在真抓实干上先行，夯实高质量发展保障。

高质量建设晋东南城镇圈先行区。抢抓国家战略，发挥自身优势，加强内外联动，持续深化改革，着力构建起保障高质量发展的体制机制，积极谋划实施一批重大战略项目，统筹推动经济社会发展破瓶颈、补短板、强动能，努力打造晋东南城镇圈先行区。

美丽长治入画来。

高标准建设全国资源型城市转型升级示范区。积极申建国家级承接产业转移示范区，在产业转型方面走在全省前列。推动传统产业加快迈过“生存线”，达到“发展线”，实现规模适度、引领创新、绿色低碳、安全可靠、效益显著。推动新兴产业加快“两化”、融合“两链”，继续保持快速增长。推动服务业提质增效，占GDP比重显著提高。创新成为转型发展第一动力，现代产业体系基本建立，形成更多可复制、可推广的示范区建设经验。

高水平建设现代化太行山水名城。进一步优化国土空间规划，加快“一城四区”一体化发展，统筹旧城改造和新区建设，推进主城区东山西水共同打造，提质增效双轮齐动，不断提升城市规划建设管理水平。深入实施大县城战略，健全城乡要素合理配置机制，推动城乡基础设施互联互通、公共服务普惠共享。坚决打赢打好污染防治攻坚战，一体推进治山治水治气治城，扎实推动碳达峰碳中和，有效破解结构性污染问题，系统提升生态环境质量，推动大气、水、土壤环境质量保持全省前列，让现代化太行山水名城成为长治最靓丽的名片。

二、又踏层峰望眼开，推动全方位高质量发展实践

发展，是解决一切问题的总钥匙；实干，是宏伟蓝图最美的打开方式。长治认真贯彻落实省委“五个先行”“三大任务”要求，紧盯重点任务，完善工作矩阵，自逼加压、大胆实践，推动工作件件落实、条条见效。

转型发展，谋篇布局

找准传统优势产业改造提升和战略性新兴产业发展壮大的结合点，2021年，长治布局重大项目，打通产业链条，健全体制机制，不断提高经济发展质量。

传统产业“长优”。对标“两线”，推进“双控”，一组数据印证变化：长治市煤炭先进产能占比达到78%；焦化企业“上大关小”迈出坚实步伐。潞宝建成锦纶短纤维项目，实现“炭中抽丝”技术，全球首创；潞安化工通过建设高端开放的创新体系，延伸“煤制油”产业链，开发出五大类、54个品种、270个型号的煤基合成化学品……长治市产业转型升级典型经验做法在全国推广，传统优势产业转型迈出新步伐。

新兴产业“长强”。2022年2月，全省唯一一家生

潞安集团高硫煤清洁利用油化电热一体化示范项目不断探索煤炭资源价值最大化和环境效益最优化。

产多晶硅原材料企业落地长治。吸引该项目选择长治的原因，是这里拥有从多晶硅到硅片，再到光伏电池、光伏组件的完整光伏产业链。近年来，长治立足新能源产业现有基础，着力打造上游原材料制造、中游光伏产品生产、下游光伏发电应用的全产业链。目前，长治有光伏企业12家，年产值70亿元，占全省总量的一半以上。半导体光电产业形成集衬底、外延、芯片、封装、照明、显示于一体的产业链条，产值占全省95%；医药健康产业形成“医、养、健、食、管”大健康全产业链，产值占全省50%；加快构建贯通制备、储运、应用的氢能产业链；打造从计算机芯片、硬盘、主板生产到系统集成、整机制造的信创产业链……做大做强装备制造、新能源、新材料、节能环保等产业，长治市战略性新兴产业增加值增长90%，排名全省第一。

服务产业“长高”。组建商贸服务、交通运输等8个工作专班，开展消费提质扩容、金融提振赶超等十大领域专项行动。大力发展平台经济，成立29家煤炭销售公司，覆盖全部煤矿企业；成立6家网络货运平台，入网车辆10.7万辆；山西（长治）中药材商贸平台已入驻首批商户。平台经济对服务业增长贡献率达到25%。服务业提质增效，社会消费品零售总额增长15.2%。

现代农业“长大”。2021年，新培育省级以上农业产业化龙头企业12家，中药材面积达到148万亩，农产品精深加工产值完成247亿元、增长110%，综合排名全省第一。深化农业农村改革，全省农业生产托管现场会在长治市召开。发展特优高效农业，有机旱作农业加快发展，大力扶持小杂粮、设施蔬菜、中药材等特色产业，打造了沁州黄小米、黎城核桃、壶关旱地西红柿、上党高粱，以及上党党参、连翘等一批有市场竞争力的“名特优新”品牌。

长治大力扶持小杂粮、设施蔬菜、中药材等特色产业，打造“名特优新”品牌。图为长子县惠民农业科技有限公司育苗大棚。

改革创新，集聚动能

2021年，长治注重改革实效，在精准对标中央及省委决策部署上找准结合点，在破解制约高质量发展的矛盾问题上选好切入点，在激发干部干事创业精气神上抓住着力点，探索推出一系列行之有效的改革举措。

开发区改革更加深化。全面推行“承诺制＋标准地＋全代办”改革，实施承诺制项目350个，出让“标准地”21宗2366亩，配备265名领办代办人员为项目提供全程代办事项380件，一般工业项目基本实现“拿地即开工”，初步实现“办事不出园区”。

“放管服”改革更加优化。审批事项、审批环节、证明材料、审批时限分别压缩31%、58%、78%、83%，市县两级行政审批事项网办率达98.3%，100个事项实现“跨省通办”。

市场主体培育更加强化。大力实施市场主体倍增工程，市场主体达到25.6万户，新增“四上企业”677户、大个体企业72户。全力支持民营经济发展，新增减税降费15.6亿元，新培育“小升规”企业142户、国家级“专精特新”小巨人企业8户。不断扩大对外开放，出口增长93.1%，全省第一。建成山西智创城5号，新培育2家省级小微企

·特别关注·

长治三项经验全国推广

国家发展改革委、科技部、工业和信息化部、自然资源部四部门发布了《关于推广“十三五”时期产业转型升级示范区典型经验做法的通知》，对“十三五”时期示范区建设的典型经验做法进行总结，并通报表扬，鼓励全国老工业城市和资源型城市结合实际认真学习借鉴，长治市共有三项经验做法上榜，获得推广。

三项产业转型升级示范区建设典型经验做法分别为：一是以龙头企业为牵引，培育发展新兴产业。推动能源企业向发展新能源转型，形成“硅矿—工业硅—多晶硅—单晶硅—电池片—太阳能组件—光伏发电”产业链体系，光伏玻璃、太阳能光伏全产业链规模位居省内第一。二是围绕产业链布局创新链，加强科技成果转化。与国内外160多个院校和科研院所建立联系，攻坚深紫外LED、超级碳纤维、碳化硅三代半导体材料、氢储存等一批关键技术。三是持续完善体制机制，优化城市发展环境。推进工业用地改革，从2021年起，新增工业项目用地都以“标准地”方式供应，将项目施工“三通一平”以及节能评价、环境影响评价等纳入“标准地”前置条件，企业拿地即可入场施工。

·特别关注·

全省首家深化省校合作中心在长治落地

2021年12月3日，长治市深化省校合作中心在长治市人才服务中心揭牌成立。这是山西省首家实体化运作的深化省校合作工作机构。

2021年以来，长治聚焦推动深化省校合作提质增效，着力构筑以人财物网为主导的“四梁八柱”工作体系。“四梁”：抓队伍强化工作支撑、抓投入强化经费支撑、抓阵地强化平台支撑、抓网络强化体系支撑；“八柱”：配齐配强市县深化省校合作工作力量、组建长治人才集团、成立长治人才发展基金会、制定人才硬核政策、推进人力资源产业园建设、实施人才安居工程、完善高层次和高技能人才发展工作联盟机制、建立深化省校合作专项考核机制，推动全市人才工作在更高站位、更大格局、更实创新中实现内涵发展和整体提升，为全方位高质量发展提供坚实的人才支撑。

业“双创”基地。建成国家煤基合成油产品质量检验检测中心，国家科技型中小企业达到221家，高新技术企业突破200家，省级以上创新研发平台达到54家。

从一流“生态”，到一城“才俊”。深化省校合作，与清华大学、北京大学等100多所高校达成合作成果500余项。建立市级领导联系服务专家制度、企业科技特派员制度。成功获批国家创新型城市，经济发展的内生动力更加强劲。

生态环保，赢得未来

围绕建设现代化太行山水名城目标定位，长治立足生态本底，保持恒心韧劲，全面拉大城市框架，拓展城市空间，完善城市功能，提升城市品位，让幸福感在群众“家门口”落地生根。

湖光生光，山色增色。历五载，克难艰，迁漳泽湖湖区周边居民2417户，搬散乱污企业130余家，开通环湖马拉松赛道43公里，建园林式文旅服务中心11.8万平方米，修多功能城市阳台6.2万平方米，铺滨湖景观大道7公里，架520米独塔双面斜拉索桥新地标，筑24座景观桥串联73座岛链。划界126平方公里滨湖生态示范区，160多种鸟诗意栖息，500余种植物繁衍生长，乃生物多样性之“宝库”，人与自然和谐共生。

“四治”同进，实现“双赢”。治山、治水、治气、治城，长治坚持问题导向，强化科学整治，持续开展蓝天、碧水、净土专项整治，一体推进“山水气城”

生态环境逐步改善，人与自然和谐相处。图为漳泽湖湿地公园。

抓好污染防治工作，持续改善生态环境质量。图为蓝天映衬下的长子门公园。

综合治理，强化生态保护修复力度，加快绿色生态网络建设，切实筑牢生态安全屏障，在绿水青山间绘就高质量发展新图景。

做增绿“加法”，描绘城市底色。以太行山绿化、天然林保护、退耕还林、交通沿线荒山、重要水源地造林、植被恢复等工程为载体，打造完备生态防护体系。以城镇绿化为中心，统筹推进山水林田湖草沙系统治理，开展大规模国土绿化行动，基本形成通道林网林荫化、水系林网风景化、农田林网方格化、村庄绿化园林化的人居环境体系。

做治污“减法”，妆成诗画美景。转型、治企、减煤、控车、降尘“五管齐下”，科学治污、精准治污、依法治污，环境空气质量明显改善。2021年，长治市优良天数为289天，同比增加24天，空气质量改善幅度排名全省第一。

好山好水好风光融入城市，建筑景观与山水景观融为一体，城市有机更新加快，基础设施持续完善，城乡融合加快发展，生态环境明显改善……一点一滴的改变，长治的美看得见、摸得着。

民生改善，枝叶关情

坚持以人民为中心，长治切实把保障和改善民生作为高质量发展的出发点和落脚点，不断增强人民群众的获得感、幸福感、安全感。

抓实普惠性民生。优质教育惠及群众：2021年，长治入选教育部基础教育综合改革12个实验区之一，入选义务教育阶段“双减”工作全国试点，山西唯一。学前教育、农村教育条件持续改善。城建提档生活提质：加强城市“顽疾”治理，建成市级城市综合管理服务平台。实施城市更新行动，建成8座立交桥，结束了市区没有现代化高架桥的历史。城市建设日新月异，满目新景精彩入画，厚植发展新优势，长治更具发展潜力和张力。文化惠民成果丰硕：创作推出话剧《纪兰故事》、上党梆子《半条棉被》等一批红色剧目，新增3个国家级“非遗”传承项目、88个省级文物保护单位，“国保”“省保”单位总数跃居全省第一。实施全民健身设施完善工程，人均体育场地面积达3平方米，群众体

景色奇异的国家5A级景区太行山大峡谷八泉峡

育大中型场馆县级覆盖率达91.6%，均为全省第一。

注重基础性民生。技能社会建设深入推进，坚持以产业拉动就业，支持发展劳动密集型产业，城镇新增就业5.4万人，超额完成省定任务。城乡居民基本医保参保率达到98%。社会治理效能显著提升，全国市域社会治理现代化试点工作深入开展，实现“全科网格”全覆盖，平安长治建设扎实推进，民生实事持续办实办好。善始善终抓好“我为群众办实事”实践活动，完善县处级以上领导班子深入基层开展调查研究的常态化机制，着力解决群众就业、收入、医疗、教育、社保、住房等现实问题，努力补短板、锻长板。

绿色掩映下的上党区东掌村

强化兜底性民生。脱贫攻坚，成果丰硕。完善防贫监测和帮扶机制，为脱贫人口和监测对象缴纳防返贫险，强化重点户的结对帮扶，坚决兜牢防止规模性返贫底线，应保尽保，城乡居民基本医保参保率达到98%，人民群众的获得感、幸福感、安全感不断增强。

坚守疫情防控阵地。面对疫情考验，长治坚决贯彻落实中央及省委决策部署，以最高政治站位、最严科学标准、最实防控举措，坚持精准管控、科学防控、动态防控、全面防控，疫情防控综合能力不断提升，稳经济保畅通促稳定各项措施落实到位。

三、天时人事日相催，绘就全方位高质量发展蓝图

思接千载，视通万里。在总结长治经济多年发展经验的基础上，按照省委部署，长治市第十二次党代会，提出了指向今后5年长治经济社会发展目标——到2026年全市地区生产总值达到3000亿元以上，一般公共预算收入突破300亿元，经济总量稳居全省第二，综合实力在中部87个地级市中力争进入前20强。

聚力产业转型升级，壮大高质量发展动能

长治是著名的“煤铁之乡”，曾是一个传统产业占到工业总量80%以上的老工业基地和资源型城市。坐拥资源“金盆”，开辟一条产业转型升级的新路，并以此为抓手，带动整个城市涅槃重生，长治从未停下探索的脚步。围绕建设全国资源型城市转型升级示范区，长治改造提升传统产业，培育壮大新兴产业，做优做强服务业，推动产业全面转型、提质增效，为高质量发展打牢基础、集聚动能。

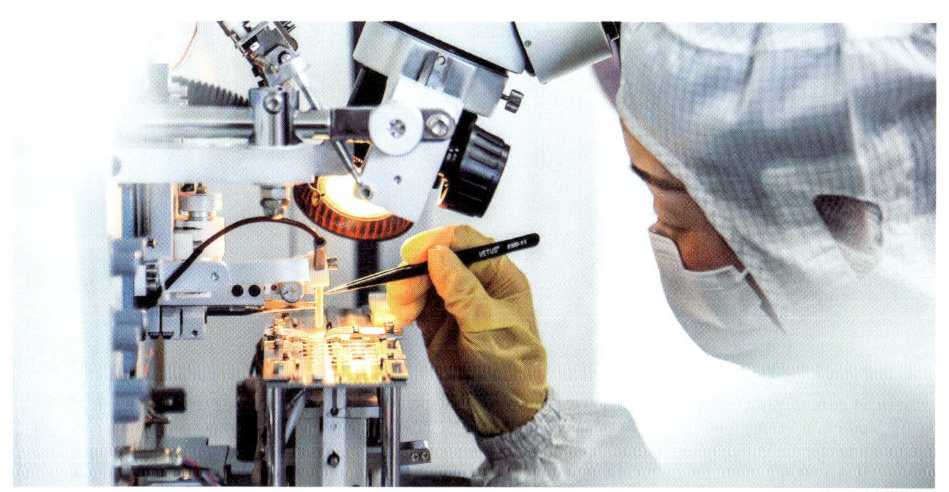

中科潞安紫外光电科技公司研发的多款产品应用广泛。

聚力加快项目建设，积蓄高质量发展后劲

坚持项目是发展第一支撑的鲜明导向，加强项目谋划储备，积极开展招商引资，支持本土企业投资转型，优化项目推进机制。全过程、全环节加强项目建设管理，重点推进总投资3922亿元的1699个项目建设，年度计划完成投资1140亿元，切实以高质量项目建设引领保障经济高质量发展。

聚力打造创新生态，增强高质量发展动力

环境好，人才聚、事业兴。长治坚持把创新作为发展的第一动力，用好国家创新型城市招牌，拓展提升创

新平台，培育壮大创新主体，集聚重用创新人才，着力打造一流创新生态，提升创新能力，为全方位推动高质量发展提供强大动力。

聚力深化改革开放，激发高质量发展活力

坚冰深处春水生。改革激荡下的长治坚持挥别旧我、焕发新机，向着高质量发展前行。坚持把改革开放作为全方位推动高质量发展的关键一招，打造开发区升级版，深化国企国资改革，推动财税体制改革，更高层次扩大开放，持续深化重点领域改革，全面提升对外开放水平，为高质量发展赋能增势。

日盛达光伏玻璃实现了原片成型、钢化、镀膜、切割一体化生产。

聚力市场主体倍增，创优高质量发展环境

长治以实施市场主体倍增工程牵引营商环境持续优化，大力开展市场主体建设年活动，大幅放宽市场准入，精准高效提供服务，搭建完善发展平台，完善政策支持体系，力争全市市场主体增长18%以上、达到31万户，进一步激发市场活力和全社会创造力。

聚力城市扩容提质，提升高质量发展品质

城市扩容提质，长治的步伐从未停歇。坚持用现代化理念规划、建设、管理城市，完善城市发展规划，拓展城市发展空间，提升城市功能品质，加强城市综合治理，增强城市辐射能力，推动市域协同发展，围绕加快推进“一城四区”一体化发展，重点实施71项城建工程，完成投资120亿元，加快现代化太行山水名城建设步伐。

聚力推动乡村振兴，夯实高质量发展基础

长治坚持把解决“三农”问题作为重中之重，突出抓好稳粮保供，推动农业“特”“优”发展，拓宽农民增收渠道，加大乡村建设力度，抓好巩固脱贫成果与乡

村振兴有效衔接，按照乡村振兴“二十字”总方针，推动农业全面提升、农村全面进步、农民全面发展。

聚力生态环境保护，擦亮高质量发展底色

人不负青山，青山定不负人。保护环境，共建绿水青山，是刻在长治人骨子里的认知。深入贯彻习近平生态文明思想，坚持减污降碳协同增效、山水林田湖草沙系统治理，积极推动“双碳”目标实现，扎实推进生态保护修复，坚决抓好污染防治工作，持续改善生态环境质量，让绿色成为长治发展的底色。

聚力民生保障改善，共享高质量发展成果

利民之事，丝发必兴。长治认真践行以人民为中心的发展思想，多谋民生之利、多解民生之忧，积极促进扩大就业，优质公平发展教育，推进健康长治建设，健全社会保障体系，集中力量办好省政府12件民生实事，持续增进民生福祉，扎实推动共同富裕。

聚力维护安全稳定，筑牢高质量发展底线

人民至上、生命至上。长治坚持强化底线思维、

技术员在田间对种植户进行技术培训。

红线意识，把安全贯穿到发展全过程、各方面。全面贯彻总体国家安全观，统筹发展与安全，严抓严管安全生产，深化平安长治建设，加强和创新社会治理，坚决防范化解风险，守住安全发展底线。

春风浩荡满目新，征衣未解再跨鞍。长治始终高举习近平新时代中国特色社会主义思想伟大旗帜，坚决贯彻落实中央及省委防疫情、稳经济、保安全部署要求，按照省委全方位推动高质量发展的目标要求和工作矩阵，大力弘扬太行精神，解放思想、真抓实干，加快建设全国资源型城市转型升级示范区、现代化太行山水名城，以实际行动迎接党的二十大胜利召开！

第九章

凤城踏歌闻新曲

——全方位推动高质量发展晋城篇

晋城，东枕太行，南临中原，西望黄河，北通幽燕，自古是四方通衢之要地。历来被称为“河东屏翰、中原咽喉、三晋门户”。晋城是全国文明城市、平安中国建设示范城市、中国优秀旅游城市、国家森林城市、国家园林城市、国家卫生城市，是山西省唯一列入中原城市群核心发展区的城市。

在改革开放进程中，晋城以勇于进取、开放包容和创新创业精神，努力走在时代发展前列。2009年5月，习近平同志来晋城考察时要求，各级党员干部要千方百计帮助困难群众开辟脱贫致富门路。晋城自觉把习近平总书记的深恩厚爱转化为前行动力，锚定目标、加压奋进，打赢了三大攻坚战，如期全面建成了小康社会。

山西省第十二次党代会要求晋城要建设绿色转型示范城市、能源革命领跑城市、光机电产业集聚城市，打造通往中原城市群和对接长三角的桥头堡，为晋城做好今后工作指明了前进方向、注入了强大动力。晋城坚决贯彻落实中央及省委决策部署，着力于发展的探索性、创新性、引领性，努力实现全方位推动高质量发展建设共同富裕新晋城宏伟蓝图，展现新时代中国特色社会主义的生动实践。

一、对标嘱托扛重任，全方位推动高质量发展的必由之路

全方位推动高质量发展，是党中央赋予山西的重大发展任务，深刻揭示了落实新发展理念、续写山西践行新时代中国特色社会主义新篇章的内在逻辑。晋城始终牢记领袖嘱托，孜孜探索全方位推动高质量发展的晋城路径。

嘱托就是使命，指出了新时代晋城的发展方向。2009年5月，习近平同志曾来到晋城市城区洞头村视察，深入田间地头，与正在田里劳动的村民亲切交谈，察看农作物长势，走村入户、促膝长谈。临走前，习近平同志还一再嘱咐晋城各级党员干部要千方百计帮助困难群众开辟脱贫致富门路。

晋城以“高质量”为鲜明导向，聚力创新、聚焦富民，扎扎实实提高全面小康社会建设水平，努力让发展成果惠及广大人民群众，使人民群众的获得感、幸福感、安全感更加实在丰厚。

嘱托就是标尺，明晰了新时代晋城的发展要求。全方位推动高质量发展，没有先例可循，唯有开拓创新，才能继续走在发展前列。站在新的起点上，晋城认真贯彻中央及省委部署，结合实际创造性开展工作，时时拿高标尺审视自身，用探索全方位推动高质量发展路径先行者的使命要求自身。对标新时代要求，晋城市第八次党代会以系统性思维、整体性谋划，着力解决发展不平衡不充分问题，全面谋划经济发展、改革开放、城乡建设、文化建设、生态环境、人民生活高质量工作布局，提出了聚焦“六大战略定位”，用好“六化工作方法”，抓好“八方面重点工作”，全方位推动高质量发展建设共同富裕新晋城的奋斗目标。

嘱托就是动力，点燃了新时代晋城的发展激情。“十四五”时期，将是晋城实现高质量发展的战略机遇期，是转变发展方式、优化经济结构、转换增长动力的攻坚期。新一轮科技革命和产业变革加速演进，国家构建新发展格局、推动中部地区高质量发展、黄河流域生态保护和高质量发展等重大战略的深入实施，为晋城提供了前所未有的发展机遇；资源型经济转型综合配套改革试验区和中原城市群核心发展区“两区”叠加的优势，为晋城带来新的政策红利；能源革命综合改革试点的实施，持续推动“一枚章”集中审批向“一件事”集成服务升级，精心打造“晋心服务”品牌，为晋城集聚了更多推进高质量发展的积极要素；在“四大牵引性工程”等重大牵引性项目引领带动下，交通和区划瓶颈逐步破解，晋城的比较优势更加凸显，发展空间将更加广阔。

·知识链接·

四大牵引性工程：百里沁河生态经济带工程、太行一号文旅康养和乡村振兴融合发展示范带工程、沁丹两河沿线农村生活污水治理示范带工程、环城水系清水复流工程。

抓住重要机遇，实现山西省第十二次党代会确立的目标任务，必须强化机遇意识、拼抢意识、创新意识，增强危机感、紧迫感、使命感，完整准确全面贯彻新发展理念，保持战略定力，善于在危机中育新机、于变局中开新局，为实现省、市党代会确立的目标任务创造条件积蓄力量。

新征程上的风景更美。在跑完全面小康社会建设“最后一公里”之时，晋城针对如何全方位推动高质量发展，正在探索一条具有时代特征、晋城特点的现代化路径，着力把发展质量问题摆在更为突出的位置，建设绿色转型的示范城市、能源革命的领跑城市、对外开放的先行城市、数字经济的标杆城市、光机电产业的集聚城市、文旅康养的样板城市，坚定不移走高质量发展之路，努力在产业转型上争先、城市提质上争先、实现共同富裕上争先、建设美丽山西上争先，努力在全方位推动山西高质量发展中体现晋城担当、作出晋城贡献。

二、高歌奋进勇担当，全方位推动高质量发展的生动实践

晋城认真贯彻习近平总书记考察调研山西重要指示精神，全面落实党中央及省委决策部署，顶住了经济下行巨大压力，经受了新冠肺炎疫情严峻考验，打赢了三大攻坚战，如期全面建成了小康社会，高质量发展进入全省第一方阵。

抓大事、办要事，多年梦想一一成真。在全省率先实现整市脱贫，200个贫困村全部退出，8.45万建档立卡贫困人口全部脱贫。山西科技学院正式招生，填补了晋城独立本科院校空白。太郑高铁顺利通车，晋城进入“高铁时代”。太行山机场立项审批要件基本齐备，

试验段已开工建设。成功摘取“全国文明城市”桂冠，“太行明珠”更加光彩夺目。

抓发展、稳增长，综合实力大幅提升。经济增速强劲回升，GDP总量由949.7亿元增加到1912.4亿元，年均增长6.8%；人均GDP预计达到1.35万美元，超过全国平均水平。一般公共预算收入由89.3亿元增加到201.3亿元，年均增长13.6%。高质量发展综合绩效考核进入全省最前列，城市品牌综合影响力指数挺进全国地级市百强。

抓“六新”、调结构，转型发展取得重大成果。光机电产业年均增长20%以上，近200亿元。全国首个锑化物激光器研发生产平台试运行。煤层气年产量达到42亿方，产量、增量均居全省第一。文旅康养产业势头强劲，太行一号旅游公路主线贯通，白马寺山高端康养示范区起步良好，“百村百院”首批村院开门迎客，阳城、泽州入选国家全域旅游示范区，中国·山西康养产业发展大会永久会址落户晋城，晋城被联合国老龄所授予“世界康养示范城市”。现代服务业发展迅速，服务业增加值年均增长7.5%，快于GDP和工业增速，社会消费品零售总额增速连续多年位居全省前列。数字经济乘势兴起，数字经济核心产业增加值突破100亿元。

抓改革、谋创新，发展活力不断增强。“一枚印章管审批”、县域医疗卫生一体化、农村集体经营性建设用地入市等改革走在全省、全国前列。党政机构改革和事业单位重塑性改革圆满完成。入选营商环境国评试点城市。山西智创城6号投入运营，光机电产业研究院获批省级工程研发中心，规上工业企业实现研发活动全覆盖，高新技术企业数量实现翻番。开发区整体进入全省中上游水平，晋城经济技术开发区在全省工业类开发区考评中排名第一。

·知识链接·

六大组团：主城区、南村、北石店、金村、柳泉和空港新区。

·知识链接·

多片区：白马寺山片区、中原街两侧片区、东西大街以北片区、西北片区、兰花路片区、高速南口片区、三区绿心片区、西部片区、东南片区、空港片区等多个功能完善、规模适中、主题鲜明的特色片区。

抓统筹、提品质，城乡面貌发生历史性变化。确定“一体两翼、六大组团、多片区”的城市空间布局，形成系统完备的规划体系，理顺规划建设管理体制机制，深入开展拆违治乱，承办全省城市工作会议，启动城市建设三年行动，老城更新步伐加快，丹河新城形象初成，中心城市建成区面积由41.8平方公里扩大到70平方公里。脱贫攻坚与乡村振兴有效衔接，“四大牵引性工程”开工建设。沁水被评为全国文明城市，阳城入选全国新型城镇化建设示范县，

游客在松庙村休闲游玩。

高平成为国家农业绿色发展先行区，陵川荣获全国百佳乡村旅游目的地，省级以上特色小镇数量全省第一，太阳、松庙、杏则等美丽乡村成为网红打卡地。

抓民生、促和谐，群众获得感、幸福感、安全感连续10年全省第一。成功创建国家公共文化服务体系示范区，清华大学、北京大学等“双一流”名校录取人数连续5年全省领先，东南新区学校、市民文化艺术中心投入使用，市人民医院易址扩建项目即将完工。高沁、阳蟒高速通车运营，G342、G208改线基本完成，开通与郑州、焦作等地的城际公交，市域内实现“一元公交”

全覆盖。PM2.5平均浓度5年下降19.30%，空气质量改善幅度全省排名第一、“2+26”城市排名第二，劣V类水体全部消除。安全生产平稳向好。扫黑除恶专项斗争取得决定性胜利。入选全国市域社会治理现代化试点城市，成为全省首批新型智慧城市试点。实现全国“双拥”模范城四连冠。

抓党建、固根本，全面从严治党取得显著成效。“两学一做”学习教育、“不忘初心、牢记使命”主题教育、党史学习教育扎实开展。选人用人导向更加鲜明，干部素质提升工程持续深化，党员干部干事创业的激情明显增强。县乡换届顺利完成，实现“五好”目标。坚持大抓基层导向，深入实施“整乡推进、整县提升”示范创建，各领域基层党建全面加强。政法队伍教育整顿取得阶段性成效。稳妥有序完成监察体制改革，监督执纪问责力度持续加大，“四风”问题得到有效纠治，实现巡察全覆盖，反腐败斗争取得压倒性胜利并不断巩固发展，风清气正的政治生态加快形成。

三、骐骥飞跃万重山，全方位推动高质量发展的主要目标

未来5年，是全方位推动高质量发展、建设共同富裕新晋城的关键时期。晋城以推动高质量发展为主题，以深化供给侧结构性改革为主线，以改革创新为根本动力，以满足人民日益增长的美好生活需要为根本目的，聚焦“六大战略定位”，用好“六化工作方法”，抓好“八方面重点工作”，为全方位推动高质量发展建设共同富裕新晋城而努力奋斗。

聚焦“六大战略定位”

加快建设绿色转型的示范城市、能源革命的领跑城市、对外开放的先行城市、数字经济的标杆城市、光机电产业的集聚城市、文旅康养的样板城市。这是晋城顺应时代要求、把握发展机遇确定的新定位，是对历届市委发展思路的延续拓展，是建设共同富裕新晋城的具体支撑，必须一张蓝图绘到底，一以贯之抓落实。

经过5年努力，全市GDP突破2300亿元，年均增长9%以上，人均GDP达到全国平均水平，主要经济指标增速保持全省和中原城市群第一方阵；光机电、煤

·特别关注·

煤层气产业新探索

沁水县围绕煤层气做足上下游文章，建设总投资5.3亿元的煤层气产业综合实训基地项目，成为全省唯一的集人才培训、实习实训、科技研发、技术推广、产业孵化、工程服务等功能为一体的综合性煤层气产业服务平台，将为全省、全市煤层气产业提供科技和人才支撑。目前，已完成投资约1.7亿元，已实现9000多平方米的办公条件，入驻企业13家，建成国内第一家以煤层气产业人才培训为方向的专业基地；完钻5口标准化示范井，同时引进煤层气行业的装备制造、电子配套、动力研究、机械加工等企业。基地产品研发中心的“油管修复”、液压无杆泵等项目，加上聚力民生京津冀LNG调峰储备中心等相关项目，让人看到了把煤层气产业“吃干榨尽”的可能性。

层气、数字经济、文旅康养等产业集群加速形成，战略性新兴产业增加值占GDP比重达到18%，高端装备制造业增加值年均增长18%，研发经费年均增长20%以上，现代产业体系初步形成；中心城市“一体两翼”协同推进，乡村面貌整体改善，全市常住人口城镇化率达到72%以上，城乡一体化水平明显提升；节能、环保、绿化等约束性指标完成省定目标，生态优势更加凸显；城乡居民人均可支配收入倍差缩小至2.0以内，推动高平、阳城创建全国文明城市，市域社会治理现代化走在全国前列，人民群众获得感、幸福感、安全感保持全省领先。

用好“六化工作方法”

系统化。不谋全局者，不足谋一域。做任何工作，都要从战略、宏观、全局的角度看问题，按照系统、集成、整合的理念谋划推进，避免就事论事，避免碎片化，实现发展质量、结构、规模、速度、效益、安全相统一。

·特别关注·

晋城建成国家级智能化标杆矿井

在山西天地王坡煤业有限公司智能化矿山一体化管控平台可以看到，企业生产运行的各类信息一目了然。天地王坡的智能化矿山一体化监管平台，实现采掘自动化、平台智能化、运营信息化。作为国家级智能化标杆矿井，天地王坡智能化信息平台项目包括智能综采、智能综掘等23个智能化子系统，最终实现“管、控、营”一体化、安全可靠化、管理高效化、效益最大化的目标。

市场化。充分发挥市场在资源配置中的决定性作用，是市场经济的本质要求。做工作、上项目都要按市场规律办事，考虑投入产出比例，实现效益最大化。要强化经营城市的理念，坚持把城市作为最大的国有资产来经营，提升整体开发运营水平。

生态化。生态是晋城的优势，一定要自觉践行“两山”理论，把这个优势发挥好。无论什么项目，凡是涉及生态的，都要慎之再慎、三思而行，决不能为了一个项目破坏晋城的生态底色，决不能为了一点利益牺牲生态优势。

特色化。特色是灵魂。没有特色，就没有吸引力、没有竞争力。实现高质量发展，必须找准定位、突出特色、放大优势，做到“人无我有、人有我优、人优我

·特别关注·

晋城建成我国第一个数字化、规模化煤层气示范基地

作为晋城煤层气产业的优秀代表，华北油田山西煤层气分公司从2006年扎根晋城以来，通过多年耕耘已经建成我国第一个数字化、规模化煤层气示范基地。2021年积极落实晋城市增储上产三年行动计划，全面加快产能建设，投资8亿元，完成185口水平井钻井工程，新建产能3亿立方米，实现产量11亿立方米以上，超额完成市委、市政府下达的增储上产目标任务。在创新攻关方面，形成了煤层气勘探评价技术、疏导式开发技术、增产改造技术、排采控制技术等系列技术，大幅提高产能率，以技术进步推动提质增效。樊70平2井组设计煤层气井10口，其中水平井5口，通过优化方案，运用最新技术，使单井日产气量由原先的3000立方米增加至8000立方米，达到了行业内领先水平。2022年6月，该公司在沁水县建成了日产量突破550万立方米、年地面抽采能力预计超过20亿立方米的国内最大煤层气田。

特”，以特色增强吸引力、提升竞争力。

精细化。凡事必作于细、必成于精。市域治理，必须充分体现人性化、智慧化、现代化，每项工作都要从小处着眼、细处着手，下足绣花功夫、做好精细文章，不断提升管理和服务水平。

品质化。品质决定成败。做任何工作，都要树牢精品意识，提升审美品位，发扬工匠精神，做到精益求精，把结果导向和过程管控紧密结合起来，确保干一件成一件，经得起历史和人民的检验。

“六化工作方法”是新发展理念在晋城的具体体现，是实践证明行之有效的思维方式和工作方法，必须坚持在实践中深化、在深化中实践。

抓好“八方面重点工作”

聚力产业转型，打造高质量发展新引擎。产业转型是高质量发展的关键所在。要加快传统产业改造提升。用数字赋能煤炭、煤化工、电力等传统产业，到“十四五”末，全市所有煤矿基本实现智能化开采，煤炭先进产能占比提高到80%以上。推动钢铁铸造产业向集群化、绿色化、智能化方向发展，打造千亿级产业集群。加快光机电产业集群发展。紧盯产值“3年500亿、5年1000亿”发展目标，形成“1+100”产业集聚，着力打造“世界光谷”，聚焦“机器视觉”和“硬质合金”两个细分领域，着力推进先进半导体、碳基新材料、超高速机器视觉、纳米陶瓷玻璃等“六新”项目产业化、规模化、集群化发展。加快煤层气全产业链发展。全力推进煤层气综合改革试点，建设“一枢纽三基地一中心”。大力实施增储上产和“气化

·知识链接·

“一核、两环、两带、十片”：“一核”指把中心城市建成全国知名的文旅康养城市，“两环”指环城绿廊康养环、太行一号康养环，“两带”指沁河、丹河文旅康养示范带，“十片”指建设王莽岭—棋子山—黄围山片区、凤凰谷—丈河片区、珏山片区、大阳古镇片区、柄龙湾—聚寿山—太行陉片区、太行古堡片区、蟒河—析城山片区、历山—太行洪谷片区、张峰水库片区、炎帝陵—长平片区等10个高等级、复合型、特色化文旅康养融合发展片区。

晋城”战略，到“十四五”末，年产量达到100亿方，就地消纳利用量力争达到60亿方，城乡居民气化率提高到95%以上。加快文旅康养融合发展。坚持把全市域作为功能完整的文旅康养目的地来规划、建设、管理，构建“一核、两环、两带、十片”发展格局，叫响“东方古堡、人间晋城，云锦太行、诗画晋城”品牌。加快现代服务业提质增效。打造区域商贸物流中心，整合打造一批优质平台企业，抓好十大物流园区建设，建设大数据产业园，打造特色服务业集聚区。到“十四五”末，

云蒸霞蔚的王莽岭

确保全市服务业增加值突破千亿元。加快数字经济蓄势赋能。实施“数字晋城”战略，促进数字经济与实体经济深度融合，确保数字经济核心产业增加值占GDP比重达到7.5%以上。加速新基建布局，实现全市域5G网络全覆盖，乡镇以上区域千兆光网全接入，打造数字经济高速公路。重点建设10个数字产业园区。

聚力项目建设，构筑高质量发展新支撑。项目是高质量发展的第一支撑。今后5年，计划实施总投资8000亿元的项目盘子，完成固定资产投资4000亿元以上。下好项目谋划“先手棋”，持续在项目谋划储备的体量、质量、深度上下功夫，积极争取上级政策、资金和人文支持，打好招商引资“组合拳”，聚焦十导产业，紧盯行业领军企业，真正把大项目好项目引进来、落下来。跑出项目推进“加速度”，及时研究解决项目推进中的困难和问题。夯实开发区项目招引“主平台”，到“十四五”末，力争全市开发区工业投资占到全市

总量的75%以上，规上工业增加值占到全市总量的50%以上，晋城经济技术开发区挺进全国百强，其他开发区全部进入全省第一方阵，开发区转型发展的主战场、主引擎、主力军作用更加凸显。扭住重大项目建设“牛鼻子”。聚焦“四大牵引性工程”，聚焦“两新一重”，推动太行山机场建成通航，力争晋侯高铁开工，建成晋城东南过境高速，加快构建现代综合立体交通体系。聚焦产业转型，谋划建设一批“六新”项目，推动全市产业类项目投资占比大幅提升，高于全省平均水平。

聚力改革创新，培育高质量发展新动能。改革创新是高质量发展的动力源泉。深入推进能源革命。实施碳达峰晋城行动，深化能源革命综合改革试点，坚持“稳煤、优电、增气、上新”，到“十四五”末，新能源和清洁能源装机容量占比达到50%以上。激发市场主体活力。深化要素市场化配置改革，大力实施市场主体倍增工程，力争“十四五”末各类市场主体达到35万家、规上工业企业突破800家、规范化股份制改造企业达到400家。实施创新驱动战略，力争“十四五”末高新技术企业突破160家、省级“专精特新”企业突破150家。全面贯彻新时代人才工作新理念新战略新举措，完善人才

“引、育、用、留、服”全方位工作体系。打造一流营商环境。以“承诺制+标准地+全代办”改革为牵引，推动“一枚章”集中审批向“一件事”集成服务升级，打造“晋心服务”品牌。确保营商环境总体评价保持全省领先，更多指标进入全国第一方阵。全面提升开放水平。抢抓构建新发展格局机遇，主动承接京津冀、长三角、珠三角产业转移。深度融入中原城市群，更好发挥晋城海关、兰花保税物流中心等开放平台作用，让更多本地产品走出晋城。

聚力城市更新，展示高质量发展新形象。城市是高质量发展的主战场，是幸福美好生活的重要承载地。

晋城市对老城进行更新与保护，具有500年历史的南大街重获新生，千年老城正在华彩蝶变。图为改造后的南大街夜市。

晋城按照“一体两翼、六大组团、多片区”的空间布局，全力实施总投资超千亿元的城市建设三年行动，加快建设山水交融的现代化城市，充分展示高质量发展新形象。积极拓展城市空间，按照“东进、西连、南延、北转、中优”的思路，积极推进区划调整，促进老城更新和丹河新城建设“一体两翼”联动发展。优化城市布局，按照城市总体规划，科学划定若干片区，整体谋划定位、功能和基础设施建设，以市场化手段提升城市整体开发运营水平，促进生产、生活、生态“三生”融合。完善城市功能，全力打造“三环两线两轴”骨干交通网，加快建设“两馆三中心”等重大公共服务设施项目，2023年全部建成投用。大力实施“城市承载力提升行动”，有力支撑中心城市持续健康发展。提升城市品质，深入开展全市生态绿化品质提升工作，实施中心城区清水复流工程，创建国家生态园林城市，着力打造“海绵城市”“韧性城市”。加强城市治理，建成城市大脑和智能算力中心，推动城市管理手段、管理模式、管理理念创新，全力打造中等新型智慧城市标杆，不断提升人民群众的获得感、幸福感、安全感。

聚力乡村振兴，拓展高质量发展新空间。解决好“三农”问题始终是全党工作的重中之重。晋城市第八

百里沁河生态经济带重要节点阳城县润城镇

次党代会将“聚力乡村振兴”作为实现共同富裕的必由之路进行了安排部署。坚决守牢粮食安全、耕地保护、不发生规模性返贫“三条底线”；加快推进产业振兴，大力发展“6＋3”“特”“优”农业产业，加快推进“四大牵引性工程”，带动乡村振兴、实现共同富裕；充分发挥文旅康养产业的优势，打造更多吃文旅饭、走康养路、发生态财的产业新村；下更大气力发展壮大村集体经济，走出适合自己的特色产业发展路径；在“三农”领域大力实施市场主体倍增工程，加快培育新型农业经营主体；扎实推进乡村建设，加快农村人居环境提档升级；坚持“五治”融合，提升乡村治理水平。

聚力生态环保，擦亮高质量发展新底色。生态是晋城的优势，但环保仍是晋城的短板。必须深入践行“两山”理论，坚定不移地走绿色发展之路。巩固拓展污染防治成果，紧盯“十大任务”，用好“十项机制”，突出抓好大气污染防治。加大水、土壤污染防治力度，建设天蓝、地绿、水清的美丽家园。加快推进生态修复治理，以丹河湿地群为中心，打造城市“绿肺”，争创国家湿地公园。以396平方公里环城生态圈建设为抓手，巩固国家森林城市创建成果。以太行一号旅游公路、丹沁两河沿线和城市周边为重点，扎实推进破损山体、废弃矿山、采煤沉陷区生态修复治理。大力推动绿色低碳发展，坚持“双碳”引领，深入推进国家低碳试点市和循环经济示范市建设，推动减污降碳协同增效。建立能源消费强度和总量“双控”机制，确保“十四五”末万元GDP能耗下降18%，非化石能源消费占比超过5%，让青山常在、绿水长流、空气常新。

聚力民生福祉，共享高质量发展新成果。坚持以人民为中心的发展思想，用心用情用力办好群众急难愁盼的事情，在高质量发展中促进共同富裕。坚持把就业优先放在更加突出位置，实行更加积极的就业政策。努力

康养特色村沁水县下沃泉村村民在扭秧歌。

办好人民满意的教育。优化教育资源配置，逐步缩小区域、城乡、校际差距，把晋城一中建成全国一流名校。高标准高起点建设山西科技学院，办出质量、办出特色，全力培养高素质专业化教师队伍。全面推进健康晋城建设。强化重大疾病防控，提高突发公共卫生事件监测预警和应急处置能力。加快建设全省县域医疗卫生一体化改革示范市，构建普惠共享优质的公共卫生服务体系。健全多层次社会保障体系。大力发展健康养老新业态新模式，深入推进社区居家养老服务，提档升级日间照料中心，办好老年大学，加强城乡社区适老化改造，推进养老事业和养老产业协同发展。加快推动文化繁荣发展，精心打造文化产业集聚区，巩固拓展国家公共文化服务体系示范区创建成果。持续办好海峡两岸神农炎帝经贸文化交流等节会活动。积极创建国家级文化生态保护实验区，叫响珐华器、潞绸、铁器等“非遗”文创品牌。

聚力社会治理，优化高质量发展新环境。加强和创新社会治理，是人民幸福、社会稳定的客观要求。要统筹发展和安全，建设更高水平的法治晋城、平安晋城。加强民主法治建设，完善大统战工作格局，强化群团组织的桥梁纽带作用。加强“双拥”工作和国防后备力量建设。深化司法体制综合配套改革，抓好“八五”普法工作。筑牢安全生产底线。严格执行新修改的《中华人民共和国安全生产法》，全面落实“十抓安全”总体要求，压实企业安全生产主体责任。深入开展安全生产专项整治三年行动，全面推进应急管理体系和能力现代化。扎实推进市域治理现代化。以“全科网格”建设为牵引，深化“五治”融合，做好市域社会治理现代化试点工作。加快建设矛盾纠纷多元化解平台，健全完善立体化社会治安防控体系，常态化开展扫黑除恶斗争。严格落实信访稳定“5+1”责任制，坚决控新治旧，把风险隐患化解在萌芽、解决在基层。

党政军民学，东西南北中，党是领导一切的。办好晋城的事情，关键在党。要始终把抓好党建作为最大政绩，大力弘扬伟大建党精神，认真贯彻新时代党的建设总要求，着力提升党建工作质量，以改革创新精神加强党的全面领导，以高质量党建引领高质量发展，为全方位推动高质量发展提供坚强有力的政治保证。

千古兴业，唯在实干。蓝图已绘就，关键在落实。在这个激流勇进的时代，这个大有可为的时代，这个需要奋斗、需要实干的时代，晋城广大干部群众咬定青山不放松，以跑马拉松的心态、以百米冲刺的激情，脚踏实地地干、雷厉风行地干、掷地有声地干，干在每一天，干好每件事，不折不扣落实好党中央及省委各项决策部署，在全方位推动高质量发展中体现晋城担当，奋力把宏伟蓝图变成美好现实！

第十章

古韵平阳抒新声

——全方位推动高质量发展临汾篇

临汾，地处汾水之滨，古称平阳，因传说中“五帝”之一尧曾建都于此，得“华夏第一都”之名，是中华民族发祥地之一。

2022年春节前夕，习近平总书记来到霍州市师庄乡冯南垣村看望慰问受灾群众，强调要统筹灾后恢复重建和乡村振兴，带领人民群众用勤劳双手重建美好家园，用不懈奋斗创造幸福生活；在汾西县僧念镇段村调研时，习近平总书记对乡亲们说，建设现代化国家离不开农业农村现代化，要继续巩固脱贫攻坚成果，扎实推进乡村振兴，让群众生活更上一层楼，在推进农业农村现代化中越走越有奔头。

岁月不居，时节如流。置身生机勃勃的新时代，397万平阳儿女正以只争朝夕的劲头、坚韧不拔的毅力，大力实施“1355”战略，以“建设黄河流域绿色崛起转型样板城市、打造晋陕豫黄河金三角区域中心城市”为牵引，在全方位推动高质量发展中走在全省第一方阵，为续写山西践行新时代中国特色社会主义新篇章贡献临汾力量。

一、头雁展翅破新局，书写赶考路上的崭新答卷

作为山西省重要的地级市，如何在新时代学习贯彻习近平总书记考察调研山西重要指示精神，拿出与397万人口相匹配的经济体量，重返全省第一方阵，是临汾人民群众的最大心愿，更是临汾矢志不渝的奋斗目标。

独特的区位、资源禀赋和气象地理条件等极具地域特色的环境，造就了临汾物华天宝、资源富集的优势。粮棉、煤焦、果梨、中药材、钢铁和装备制造等产业在全省乃至全国都有着重要的地位。审视临汾比较优势，在全方位推动高质量发展的新形势下，无论是从历史地位还是从现实基础看，都具有奋力争先崛起的潜力和后劲。

具有较好的区位优势。临汾地处太原、郑州、西安3个省会城市连接中点，被交通部授予全国179个交通枢纽城市、被商务部等10部委授予全国66个区域级流通节点城市等称号。山西省第十二次党代会指出，临汾成为全省与太原、大同重点支持的3个陆港型国家物流枢纽承载城市之一，中欧班列常态化开行，为其站位黄河金三角融入国内国际双循环提供了开放通道。

具有得天独厚的资源优势。除丰富的煤铁资源之外，煤成气探明储量占全省的1/3，焦炉煤气资源丰富。依托煤铁资源的传统产业基础雄厚，焦炭、生铁、粗钢、钢材产量占全省的1/5左右，产业链延伸具有较为坚实的基础。文旅资源丰富多彩，丁村文化、尧文化、晋国文化、根祖文化等历史文化厚重，影响深远。自然景观禀赋天成，黄河壶口瀑布气势磅礴，乾坤湾宏伟壮美，云丘山闻名遐迩，七里峪柔美如画，中镇霍山造化自然，邈邈历山云蒸雾集……一派秀美风光。

非公有制经济健康发展。临汾非公有制经济不断发展壮大，已成为全市经济的重要组成部分。近年来，临汾非公有制经济投资保持快速增长的态势，华翔集团成功上市，晋南钢铁集团、建邦集团入选中国制造业民营企业500强，民营企业成为推动高质量发展的重要力量。

发展机遇难能可贵。区域级流通节点城市、西山片区主体功能区、信息惠民国家试点城市、北方地区冬季清洁取暖城市、国家数字乡村试点等30余项工作纳入国家战略、改革试点，政策利好持续释放，为临汾提供了宝贵的发展机遇。此外，广大干部觉悟高、敢担当、务实效，人民群众勤劳智慧、坚韧不拔、开放包容，全市上下干事创业氛围浓厚，为全方位推动高质量发展提供了坚强保障。

用好富有临汾地域特色的诸多优势，紧抓新时代面临的机遇，激发广大干部凝心聚力争先的精神，临汾将在新发展格局中找准自身的位置，构建符合临汾实际、特色鲜明的产业体系和高质量发展格局，在新时代新发展中更加自信、更加有底气。

二、雄关漫道真如铁，跻身高质量发展第一方阵

临汾作为资源型城市，对高质量发展的要求尤为迫切，必须以“最优解”来答好“临汾试卷”。近年来，临汾坚持生态优先，厚植生态底色，重新构建了以绿色发展为根基的高质量转型路径，奋力书写了落实习近平总书记关于黄河流域生态保护和高质量发展重要讲话精神的生动实践。高效统筹疫情防控和经济社会发展取得新成效，与全国、全省同步全面建成小康社会，开启社会主义现代化建设的新征程。如今，全方位推动高质量发展已成为平阳大地最鲜明最激扬最响亮的主旋律。

国庆期间，临汾市民齐声高唱《我和我的祖国》，庆祝祖国生日的到来。

“三大板块”展神通，产业布局更科学

在临汾撤地设市，长达20多年的转型实践摸索中，从起初的煤焦冶电遍地开花的同质化无序发展，到百里汾河新型经济带打造新兴产业示范引领，再到“三大板块”协同发展，临汾在多年的转型发展中，尊重发展规律，深化市情认识，不断适应时代需要，取得了重要转型成果。

在临汾2万平方公里的国土面积上，严格按照国土空间用途，按照因地制宜、分类施策的原则，对“三大板块”布局全面谋划，准确把握临汾的比较优势，科学

定位了17个县（市、区）的发展路径，全面构建了错位协同、优势互补的发展新格局。这为“双城”建设夯实了各有侧重、相辅相成、内在统一的逻辑和实践基础。

沿黄7个县处在黄河生态保护的最前沿，生态基础较差。但同时又具有温差大、光照足等独特的气象地理条件和黄河风土人情等特点，造就了以玉露香梨、吉县苹果等为代表的特色优质农业和沿黄诸多自然景观。因此，顺应自然，保护自然，抓好沿黄7个县的生态保护，涵养保持好独特的生态气象条件，因地制宜发展特色农业，推动文旅融合，壮大新能源产业，就是沿黄板块打通“绿水青山就是金山银山”转换通道的最优路径。目前3个国家5A级景区创建工作接续推进，云丘山、壶口瀑布已成功创建，乾坤湾正在申报。天然气增

·特别关注·

临汾战略路线图

山西省第十二次党代会报告明确指出，临汾要建设黄河流域绿色崛起转型样板城市，打造晋陕豫黄河金三角区域中心城市。这是山西省委、省政府赋予临汾新的使命，指明了临汾未来发展的工作方向和奋斗目标，为临汾进一步加快发展提供了重大机遇。目前临汾正以“双城”战略为牵引，全力打造资源型地区转型发展先导区、黄河中游绿色崛起引领区、晋陕豫协同发展示范区、黄河文化保护传承复兴样板区。计划在全市范围内，按照“双十路径”，在黄河流域建设绿色能源发展、传统产业低碳转型、新兴产业集聚等10个示范样板，在晋陕豫黄河金三角区域打造先进制造业、商贸物流、特优农产品等10个区域中心。在此基础上，按照“一年起步、三年见效、五年成势”的安排，全力推动“双城”建设迈出实质性步伐。

储上产力度加大，风光发电已成集群态势，大宁花卉、手套等清洁用能产业相继兴起。但同时也存在经济基础相对薄弱的问题，巩固脱贫成果任务艰巨。因此，对沿黄板块的定位要重点实现乡村振兴和生态保护。这符合沿黄七县在临汾全市生态保护和高质量发展中的科学定位。

沿汾板块生态容量有限，又是临汾人口的主要集聚区。临汾必须把稀缺的生态容量和生产要素向装备制造、信创等含新量、含绿量和含金量高的新兴产业和服务业倾斜，通过腾笼换鸟的结构性转换实现结构性减污，倒逼沿汾板块成为新兴产业的主战场和主阵地。目前，沿汾板块已形成以中信机电、华翔制造为龙头的高端装备制造集聚区，以字节跳动、百度标注为代表的信创产业集群，以曲沃智慧菜谷为代表的现代农业示范区。

沿太岳板块生态容量优越，资源富集，推动传统产业退城入川，把绿色低碳作为传统产业质量变革、效率变革和动力变革的根本途径，把过去大家印象中落后的传统产业变包袱为财富，实现转型升级。沿太岳板块已形成安泽、古县煤焦化循环产业园，开工建设浮山华润源网荷储低（零）碳智慧产业园、翼城高质量钢铁新材料工业园。

“三大板块”布局的构建，不是简单意义上地理空间的划分，也不是仅仅局限于单一的产业维度，而是在黄河流域生态保护和高质量发展的国家战略视角下，坚持绿色发展的道路，因地制宜地科学统筹17个县（市、区）在生态保护、能源革命、产业转型、粮食安全、文化传承保护和实现乡村振兴等诸多方面的分工与合作，构建了生态优先、因地制宜和发挥比较优势又极具临汾地域特色的高质量协同发展新格局。这从根本上破解了临汾长期以来面临的生态保护和经济发展的矛盾，奠定了临汾在全方位推动高质量发展中走在全省第一方阵的坚实基础，树立起黄河流域生态保护和高质量发展的临汾样板。

主板上市首破“零”，改革创新步铿锵

“承诺制+标准地+全代办”改革在11个开发区全面推行，建立优化营商环境“1+18”政策体系，农业生产托管服务稳步推进，国资国企改革不断深化，核销23户破产企业欠缴养老保险费及滞纳金3.45亿元。顺利完成规上工业企业研发活动全覆盖上水平任务，省市两级企业技术中心达到110户；实施市校合作“双千工

云鹏医药集团采用产学研结合协同技术开发创新的模式，实现技术升级，打造国家级科技创新平台。

程”，与清华、北大等83所高校签约合作项目364个，创新能力不断提升。

创新驱动战略纵深推进。高新技术企业数量增长近2倍，华翔集团“人人创新、全员创客”模式备受关注。重点领域改革多点突破，国资国企改革“三大任务”基本完成；洪洞、翼城、吉县、永和农业生产托管模式在全国推广；标准化改革走在全省前列；华翔集团成功上市，实现全省17年来民营企业主板上市零的突破。

对外开放步伐持续加快。新增国际友城4个，与临汾市有贸易往来的国家和地区达到70个，成功开行中欧班列11列，进出口总额增长156%。开发区建设势头强劲，新增开发区9个、产业集聚区7个，“三化三制”改革深入推进，“三个一批”活动常态化开展。

营商环境全面优化。累计压减审批时限57%，为各类企业减税降费191亿元；在全市推行“标准地＋承诺制”“要素跟着项目走”“领办＋代办＋专办＋一网通办”工作机制，坚持解难题理旧账清欠款，以案说案印证了临汾营商环境的改善。全市域生产要素和保障性要素集聚集成，高质量发展活力全面迸发。

“双碳”引领“绿”更浓，污染防治显成效

生态环境是生存之本、发展之源，坚持人与自然和谐共生是新时代坚持和发展中国特色社会主义的基本方略。近年来，临汾举全市之力精准治污、科学治污、依法治污，尧都、洪洞、襄汾海拔600米以下区域基本实现“无煤化”，主城区及周边重污染企业全部清零，市区环境空气质量综合指数5年改善率33.7%，9个国考断面水质全部退出劣Ⅴ类。

2021年，临汾市各项生态环境约束性指标全面完成；环境空气质量连续5年持续改善，改善率排到了全国168个重点城市第24位；SO_2年浓度均值控制到了12

微克，绝对值和改善率均排到全省前三，再次创出历史佳绩；10—12月“秋冬防”期间，出现了有记录以来的第一次重污染天气为零的成绩；地表水国考断面水质均达Ⅳ类以上，创出历史最好水平；安泽县入选生态环境部第五批国家生态文明建设示范区名单，蒲县入选生态环境部第五批“绿水青山就是金山银山”实践创新基地名单，为全省当年度创建最多的地市之一，成绩来之不易，经验弥足珍贵。

补齐短板强弱项，民生保障实打实

·特别关注·

核心内环、快速中环

建设中心城区快速交通路网是临汾打造现代综合交通体系的一项重大举措，对于减轻城市路网交通压力，提高居民出行品质有着十分重要的意义。通过构建快速交通体系，打造滨河东路、河汾路、迎春街、五一路连通的“核心内环”和规划三街、河汾一路、尧贤街、环城南路连通的“快速中环”。

近年来，临汾城市面貌日新月异，解放路立交桥、涝洰河两座大桥等一批城建重点项目相继建成投用，“核心内环、快速中环”框架基本形成；坚持“景观式造街、园林式建城”，实施靓城提质“三大行动”，以工匠精神打造精品示范街10余条，建成口袋公园、街头游园35座，城市的颜值、气质、价值不断攀升；累计完成拆迁234万平方米，特别是依法拆除了解放路54号院、平阳资产管理委员会、二中路“最牛钉子户”等违法建筑，有力打击了歪风邪气，极大弘扬了社会正气，树立了“不让老实人吃亏、不让无赖户沾光”的鲜明导向，赢得了广大干部群众的拥护和全社会的支持。

·知识链接·

靓城提质“三大行动”：即“三拆”“三下”“三进”。“三拆”，拆除违法违章建筑、拆除不必要的围挡围墙、拆除有碍观瞻的临街建筑；“三下”，广告下墙、附着物下墙、管线下地；“三进”，停车进位、停车进库、洗车进场。

乡村建设加快推进。创建省级改善农村人居环境示范村164个，农村卫生厕所普及率达到71%。基础设施不断完善，长临、霍永（永和至永和关段）高速建成通车，隰吉、黎霍、浮临高速加快建设；在全省率先实现市区纯电动出租车、公交车“双覆盖”，“诚信微笑”巴士品牌荣获交通运输部“全国优秀文化品牌”称号；汾河流域生态景观项目加快推进，162万农村群众饮水安全条件得到巩固提升。

社会事业全面发展。新（改、扩）建公办幼儿园77所、乡镇寄宿制学校258所，17个县（市、区）全部通过国家县域义务教育基本均衡发展督导评估认定；临汾职业技术学院“双高”建设和升本工作有序推进；山西师大现代文理学院新校区建成启用，为转设工作奠定

临汾市支援湖北医疗队凯旋。

了良好基础。临汾被确定为首批“国家级卫生应急综合试验区”三个试点城市之一、DRG付费国家试点18个示范市之一，市人民医院获批建设省级区域医疗中心，“刘辉团队”综合实力跻身全国第一梯队，市区“15分钟就医圈”建设全面启动。面对突如其来的新冠肺炎疫情，迅速构建“3+2”防控体系，实行“三条线”管理，加强“四个管控”。

文化惠民工程深入实施。临汾市博物馆、图书馆相继建成开馆。承办二青会花样滑冰、射击飞碟、空手道和中国网球巡回赛等赛事，临汾体育健儿在国际国内大赛中屡创佳绩，“六张体育名片”影响力不断扩大。城镇新增就业32万人，农村劳动力转移就业32.2万人，打造了浮山厨师、华翔工匠等“临汾技工”品牌。

社会保险提质扩面。多层次住房保障体系初步建立。特别是去年面对有气象记录以来最强秋汛，临汾市委、市政府见事早、行动快，及时组织抢险救灾，精准高效推进灾后重建，全市15946户农村住房因灾受损群众于2021年12月31日前全部乔迁新居，提前一个月圆满完成省定任务，没有一户群众因灾致贫、因灾返贫，临汾市受损房屋重建“一户一档”经验做法得到省委充分肯定。

三、吹响双城集结号，解锁高质量发展临汾密码

责任呼唤担当，使命造就未来。山西省第十二次党代会赋予临汾建设黄河流域绿色崛起转型样板城市、打造晋陕豫黄河金三角区域中心城市的使命，这也是临汾在全方位推动高质量发展中奋力争先进位崛起所必须扛起的使命任务。临汾市委提出“在全方位推动高质量发展

·知识链接·

临汾“1355”战略

临汾市第五次党代会提出要大力实施“1355”战略，这是临汾党员干部面临的时代责任和历史使命，也是未来五年全市上下为之奋斗的共同目标。“1355”战略包括坚持一个引领，统筹三大板块，聚焦五大重点，实现五个新跨越。坚持一个引领，就是坚持以全方位推进高质量发展为引领。统筹三大板块，就是要按照资源禀赋、区位条件和产业基础，统筹推动沿黄、沿汾、沿太岳三大板块联动发展、错位发展、互促共融，形成全市域高质量协同发展格局。聚焦五大重点，就是要立足实际，针对制约临汾经济社会发展的短板弱项，突出产业转型、环境改善、改革开放、民生保障、队伍建设五大重点，办好“二十件大事”。实现五个新跨越，就是要通过全市上下共同努力，在综合经济实力、绿色转型发展、深化改革开放、社会民生事业、党的建设工作五个方面实现新的跨越，整体工作进入全省第一方阵。

中走在全省第一方阵”的奋斗目标，大力实施“1355”战略，重塑大市荣光，再造临汾辉煌，这是时代的责任、人民的期望、历史的使命。

临汾聚焦“1355”战略，对全市未来发展作出了科学精准务实的战略谋划和部署。在今后5年这个关键期，明确提出要以“双城”建设为牵引，全面推动“十个坚定不移”。

坚定不移推动“双城”建设。用好“双城”金字招牌，高质量编制实施方案，确保一年起步、三年见效、五年成势。紧扣建设黄河流域绿色崛起转型样板城市，做好能源转型文章，有序推进能源结构调整，统筹能源开发、能源储蓄、清洁能源高效利用等工作，构建清洁化、多元化、智能化能源运行体系；做好绿色产业文章，科学谋划产业布局，推动产业加快转型，发展绿色循环经济，打造在黄河流域具有影响力的绿色现代产业集群，建设绿色低碳循环发展先导区；做好生态环保文章，加强流域生态治理，改善环境质量，建设黄河中游生态文明建设引领区；做好低碳生活文章，倡导简约适度、绿色低碳的生产生活方式，形成绿色低碳循环发展的生产体系、流通体系、消费体系。紧扣打造晋陕豫黄河金三角区域中心城市，着力提高区域竞争力，做大经济总量、提升经济质量，到2026年全市经济总量迈进全省第一方阵前列；提高人口承载力，拉大城市框架，加快城市建设，健全高品质公共服务体系，打造高品质生活宜居地；提高文化影响力，挖掘临汾历史文化底蕴，推出一批标志性研究成果，打造具有临汾识别度的城市文化标识，建设区域文化中心；提高辐射带动力，完善现代交通运输体系，增强要素集成、创新策源、区域枢纽等核心功能，形成联动中部城市群、辐射晋陕豫黄河金三角地区的活跃增长极和强劲动力源。通过临汾一域的生动实践，为全省推动“一群两区三圈”新布局作出贡献、提供借鉴。

坚定不移推动板块协同发展。沿汾板块重点发展高端装备制造、信创产业和未来产业，加快发展现代服务业、现代农业、城郊经济，推动产业链、创新链、供应链、要素链、政策链五链耦合。沿黄板块重点打造壶口瀑布、云丘山、乾坤湾3个5A级黄河核心景区，做好农旅结合、文旅融合文章，发展新能源、储能和清洁用能产业，实现生态保护、乡村振兴、绿色发展。沿太岳板块重点布局先进焦化等传统优势产业，大力发展新材料、新能源、新产品，实现企业集聚、产业集群、资源集约、效益集成。通过“三大板块”错位发展、优势互补，多元联动、互促共融，全面开创市域高质量转型和协同提升的新局面。

坚定不移推动“三驾马车”发力。发挥财政投资撬动作用，激活民间投资，吸引外来投资，形成有效投资，让投资结构逐步趋于合理、稳定，让经济增长的基础更加坚实，固定资产投资年均增长10%以上。顺应消费升级趋势，把握消费热点轮换，注重多层次多样化消费需求，稳住传统消费，培育新兴消费，开拓城乡消费，以消费潜力的充分释放助力经济增长。建设“南方略、北龙马”陆港型国家物流枢纽，构建“前店后厂”商贸加工体系，大力发展跨境电商，带动更多中小微企业参与对外贸易，外贸进出口年均增长7%以上。通过“三驾马车”同步发力，推动临汾经济稳中向好、长期向好。

坚定不移推动现代产业体系构建。坚持把产业转型升级作为主攻方向，加快构建特色鲜明、结构合理、链群完整、竞争力强的现代产业体系。推动煤焦钢等传统优势产业和新能源、储能产业迈过生存线、达到发展线，重点打造绿色传统产业集群、清洁能源产业集群。推动高端装备制造、新材料、信创、现代医药、通用航空等战略性新兴产业集群化链条化规模化发展，重点打造中高端装备制造产业集群、新材料产业集群。推动服务业提质增效，重点发展现代物流、科技服务、数字创意、现代金融、现代商贸等生产生活性服务业。推动现代农业“特”“优”发展，重点建设粮食、水果、蔬

山西晋南钢铁集团生产车间

菜、中药材、畜牧全产业链基地。通过构建具有临汾特色的现代产业体系，促进一二三产结构优化、质效提高。

坚定不移推动数智赋能。主动拥抱数字时代，以数智为产业、社会、政府赋能，让数据成为推动临汾发展的关键要素。实施新型基础设施提升工程，加大对5G网络、物联网、工业互联网等重点领域投资力度，拓展5G应用场景，打造城市中枢系统、数字驾驶舱、数字底座。成立信创工作领导组，搭建平台，创优环境，大力引进和培育一批数字经济龙头企业、工业互联网平台企业，带动更多关联企业落户临汾。促进数字经济和实体经济融合发展，推动所有企业“上云用数赋智”，建设一批数据中心、算力中心，构建数字经济全产业链。瞄准元宇宙、区块链、人工智能等前沿领域，打造一批领航企业、尖端技术、高端产品。通过数字产业化、产业数字化，抢占未来发展制高点。

坚定不移推动创新驱动发展。坚持资源、创新“双轮驱动”，构建政府引导、市场驱动、企业为主体的研发投入体系，全社会研究与试验发展经费投入逐年增加。引导全市企业加强与知名高校、科研院所的对接合作，实现所有规上工业企业研发活动全覆盖上水平。招

·特别关注·

市校合作“双千工程”

临汾市从2021年开始，用3年左右的时间在全市新引进1000名以上高层次人才、落地1000个以上市校合作项目。该工程聚焦临汾市第五次党代会“1355”部署要求，树立“全方位推动高质量发展靠人才，临汾要走在全省第一方阵更需要充足的优秀人才作支撑”工作理念，坚持“聚焦发展大局、突出实用导向、实行上下联动、持续优化环境”四项基本原则，通过市县两级出台一个行动方案，具体到每个用人单位、市场主体人才需求，明确人才的数量以及项目的合作方向；推出一套引才政策，不断增强集聚优秀人才的吸引力；落地一批合作项目，进一步激发创新动能；打造一批示范基地，发挥好先进典型示范引领作用；组织一系列宣介活动，展示爱才重才的良好生态“五个一”工作举措，与国内各高校开展全方位、深层次合作。

引一批“小巨人”“瞪羚”“独角兽”企业，打造一批“隐形冠军”“单项冠军”企业，提升企业竞争力。深化市校合作，实施“双千工程”，用好柔性引才、弹性工作机制，把临汾打造成吸引人才的洼地、成就人才的高地。通过创新驱动，构建“乔木”参天、“灌木”茁壮、“苗木”葱郁的创新生态。

坚定不移推动城乡融合发展。深入实施新型城镇化战略，统筹推进中心城市、大县城、特色城镇、美丽乡村建设。中心城市突出高品质建设、高品质生活，大力推进城市“双修”、城市更新，加快构建高效便捷的立体交通体系、功能完善的区域服务体系、产城融合的生产生活体系，健全完善智慧化精细化内涵式管理机制，

大宁县充分发挥县域资源优势，建设现代化农业花卉双创示范园区，大力发展花卉产业，促进当地农民增收。

不断提升中心城市首位度。大县城突出产业稳定、服务均衡，大力发展加工产业、生活性服务业等劳动密集型产业，推动教育、医疗、文化、体育、养老、保险等优质公共服务资源向县城倾斜，吸引外出务工人员返乡创业就业，促进更多农村人口向县城集中，实现就地城镇化。特色乡镇和美丽乡村突出宜居宜业宜游，加快聚合产业、社区、文化、旅游等功能，巩固拓展脱贫攻坚成果，建设一批富有地域特质、充满发展活力的特色小镇和美丽乡村。通过推进以人为核心的新型城镇化，让群众共享城乡融合发展成果。

坚定不移推动文化强市建设。激发临汾文化内生动力，实现文化大市向文化强市的新跨越。弘扬社会主义核心价值观，加强社区文化、村镇文化、企业文化和校园文化建设，全领域培育临汾文明风尚。统筹推进文化惠民、文化遗产保护传承、地方戏曲振兴、工艺美术发展等工程，建设博物馆之城；打造书香临汾，让书香浸润心灵、点亮生活，让爱读书读好书成为习惯，倡导争做翩翩少年、谦谦君子、文明市民。深度开发文化资源，打造精品旅游线路、龙头景区、特色文创产品，在全国叫响“寻根·铸魂·悦生活”品牌，建成国际知名文化旅游目的地。通过以文化人、以文惠民、以文兴业，重塑临汾文化辉煌。

坚定不移推动安全绿色发展。统筹发展安全“两件大事”，守好发展生态“两条底线”。坚决贯彻总体国家安全观，强化重点领域安全生产，建成全灾种大应急平台，科学应对各类考验，提升本质安全水平；坚决消除金融风险隐患，常态化开展扫黑除恶斗争，推动市域社会治理现代化，让群众的安全感更有保障。坚决践行习近平生态文明思想，协同推进减污降碳，引导所有工业企业提标改造、升级“创A”，明确所有项目严格按照“双碳双控两高”要求落地实施、推进建设，形成绿色低碳循环经济体系；一体推进治山治水治气治城，让绿色生产生活方式成为全社会的自觉和习惯，让临汾的天更蓝、水更清、土壤更安全。通过建设平安临汾、绿色临汾，不断夯实高质量发展的基础。

坚定不移推动共同富裕。坚持以人民为中心，做大做好“蛋糕”，切好分好“蛋糕”。实施高质量就业提升计划，城镇新增就业人数每年保持在4.7万人以上。实施居民收入增长计划，力争城乡居民收入增速超过全省平均水平；实施教育振兴计划，推动全市大中小学和幼儿园布局优化。实施“健康中国·临汾行动”计划，建成国家级“卫生应急综合试验区”、省级区域医疗中心和市区“15分钟就医圈”；加快DRG付费国家示范点

乡村振兴——巧手绣成致富路。

城市建设。实施多层次社保体系建设计划，实现各类保险应保尽保、各类救助应助尽助。通过加强普惠性基础性兜底性民生建设，带领群众朝着共同富裕的目标扎实迈进。

大道至简、实干为要。河山之作，需以非凡气魄。临汾广大干部群众深入贯彻落实习近平总书记考察调研山西重要指示精神，高举旗帜、牢记嘱托，感恩奋进、勇担使命，栉风沐雨、砥砺前行，在全方位推动高质量发展中走在全省第一方阵！

第十一章

潮起河东启新程

——全方位推动高质量发展运城篇

关公故里、大运之城，“这里最早叫中国”。运城，古称“河东”，因盐运之城而得名，素有“华夏之根”的美誉，有道是“五千年文明看运城”“游山西运城，读华夏历史”。运城是晋南门户、山西粮仓、国家园林城市，也是全国智慧教育示范区、“科创中国”试点城市、国家文化和旅游消费试点城市。

党的十八大以来，运城在党中央及省委的坚强领导下，勇于改革创新，果敢应对挑战，坚定推进转型，迎来了大变革、大发展、大飞跃。这十年，是运城经济发展争先进位、跨越赶超的十年，也是河东大地翻天覆地、沧桑巨变的十年。

走在新时代的征途上，运城高举习近平新时代中国特色社会主义思想伟大旗帜，坚决扛起省委赋予的建设黄河流域生态保护和高质量发展示范区的使命重托，把握新发展阶段，贯彻新发展理念，融入和服务新发展格局，持续用好“五抓一优一促”经济工作主抓手，加快建设“一区两城三强市三高地”，不断开创运城全方位推动高质量发展新局面。

一、风正一帆悬，展开高质量发展壮美画卷

大河安澜好行船。运城抢抓重大国家战略机遇，贯彻落实省委决策部署，积极建设黄河流域生态保护和高质量发展示范区，并以此作为各项工作的总牵引、总目标、总框架，定位新坐标，擘画新蓝图。河东大地，一幅全方位推动高质量发展的壮美画卷正徐徐展开。

·特别关注·

这里最早叫中国

运城是黄河文化的重要发祥地之一，拥有大量丰富的历史遗存。4500万年前的中华世纪曙猿化石、180万年前人类最早用火的西侯度遗址、舜都蒲坂、禹都安邑以及夏的都城均在运城，舜耕历山、大禹治水、后稷教民稼穑、嫘祖养蚕等典故都发生在这里。运城现有国家级重点文物保护单位102处，居全国地级市第一。中华圣母后土祠、天下第一武庙解州关帝庙、四大名楼之一永济鹳雀楼、艺术宫殿芮城永乐宫、中华第一木楼飞云楼等文物，价值独特，驰名中外。

确立“一区两城三强市三高地”坐标定位

全方位推动高质量发展，必须把准坐标定位。运城放眼全国全省大局，立足地方实际，审视独特优势，与时俱进确立了建设“一区两城三强市三高地”的目标定位。

创建“示范区”，争当服务重大国家战略的排头兵。党的十八大以来，习近平总书记高度关注黄河的保

护与治理，亲自推动黄河流域生态保护和高质量发展上升为重大国家战略。山西省第十二次党代会提出运城要建设“黄河流域生态保护和高质量发展示范区”。运城牢记领袖嘱托，胸怀“国之大者”，把示范区建设作为主动服务重大国家战略的区域性作答，编制示范区建设规划，成立直接推进机构，实施“双十工程”，聚力在强化污染治理、抓好水土保持、提升防洪排涝能力等方面作示范，奏响了新时代“黄河大合唱”的运城乐章。

建设“两城市”，打响厚植运城发展优势的主动仗。建强建优晋南市域中心城市，坚持一体化、网络化、紧凑化、精致化、生态化、特色化的城市发展思

·知识链接·

黄河流域（运城段）生态保护和高质量发展“双十工程”

十大生态保护工程	十大高质量发展工程
生态文明理念培育	先进装备制造
大气污染治理	能源革命产业
水污染防治	新材料产业
土壤污染治理	信创及新基建产业
国土绿化	传统产业改造升级
流域生态保护与修复	高效农业示范
水土保持与矿山生态修复	商贸物流
湿地生态保护	文旅康养
河道安全治理	综合交通枢纽
高效节水利用	[illegible]

路，大幅提升城市功能和首位度，促进城市治理体系和治理能力现代化，努力建设高标准生态城市、高品位文化城市、高品质宜居城市。建设全国新发展格局关键环节城市，深度参与共建“一带一路”，全面承接国内国际产业转移，不断完善产业链供应链创新链，激活市场消费潜力，推动更多产品和服务进入国内国际双循环中高端。

打造“三强市”，书写“一群两区三圈”布局的运城篇。落实山西“一群两区三圈”的城乡区域发展新布局，围绕建设晋南城镇圈，打造新型产业强市，培育壮大新兴产业、未来产业，做大做强特色优势产业集群，构建传统产业支撑有力、新兴产业高端引领、未来产业竞相涌现的现代产业体系；打造现代农业强市，走好“绿色化、特色化、品牌化、集群化、融合化”发展路子，提升运城农业在全国现代农业发展中的地位；打造知名旅游强市，把文化旅游产业培育成战略性支柱产业，创建国家全域旅游示范区。到2025年，全方位综合实力进一步增强，达到3100亿元左右，初步实现转型发展目标。

构建“三高地”，下好创新改革开放的先手棋。构建创新高地，聚焦战略性新兴产业，搭建创新平台，营造创新生态，建设一批重点实验室和工程技术中心，打造科研成果转化集聚地。构建人才高地，深化人才发展体制机制改革，打造人才创新创业创造热土。构建开放高地，坚持“走出去”“引进来”，加强教育、科技、医疗等各领域对外交流合作，提升经济发展外向度。

明确“创新驱动、绿色崛起、品质提升、党建强基”基本战略

全方位推动高质量发展，必须增强战略指导。运城坚持全局与一域相统一、长期与短期相结合、发展与生态相统筹，制定了全市改革发展的基本战略。创新驱动，坚持创新在现代化建设全局中的核心地位，培育创新生态、激发创新动能，加快形成以创新为引领的经济体系和发展模式。绿色崛起，坚持生态优先、绿色发展，推进产业转型，走出一条生态、循环、可持续发展之路。品质提升，聚焦城乡环境美、就业创业广、居民收入高、教育质量优、医疗卫生强、社会保障好，为人民群众创造更加幸福美好的新生活。党建强基，坚持和加强党的全面领导，突出基层党组织政治功能，夯实党的执政根基，汇聚起全方位推动高质量发展的磅礴力量。

持续用好"五抓一优一促"经济工作主抓手

全方位推动高质量发展，必须确立关键抓手。运城市突出重点任务、聚焦关键因素，坚持把"五抓一优一促"作为当前和今后一个时期经济工作的主抓手。抓招商引资，把招商引资作为经济工作的"一号工程"，如饥似渴抓招商、上下协同齐上阵，推动全民招商。抓市场主体培育，统筹"助大、扶小"，开展市场主体倍增工程和全民创富行动，支持"个转企、小升规、规改股、股上市"，为高质量发展注入源头活水。抓发展动能转换，紧跟产业变革趋势，巩固发展优势产业，培育壮大新兴产业，前瞻布局未来产业，让老树发新芽、新树深扎根。抓项目达产达效，把项目建设作为推动发展的核心引擎，加强"四库"项目管理，用好"五个一"项目推进机制，扩大有效投资，夯实发展底盘。抓人才智力支撑，树立"人才是1、其他是0"的理念，完善人才"引育用留"机制，让运城成为各路英才寻梦

·知识链接·

运城"五抓一优一促"经济工作主抓手：指的是抓招商引资、抓市场主体培育、抓发展动能转换、抓项目达产达效、抓人才智力支撑，优化营商环境，促进高质量转型发展。这是运城当前和今后一个时期经济工作的主抓手。为了确保主抓手落实到位，运城市实行"五个一"项目推进机制，即一季一签约、一季一开工、一季一观摩、一季一考核、一季一通报。

运城大运集团新能源汽车智能化生产线

逐梦圆梦的热土。优化营商环境，打造便利高效的政务环境、公正透明的法治环境、开放公平的市场环境、诚实守信的社会环境，构建集聚发展要素的“强磁场”。促进全方位高质量发展，将高质量发展的要求，全面贯彻到经济、政治、文化、社会、生态文明和党的建设等各领域、全过程，使之成为全市各项工作的鲜明主题和长期要求。

二、会当凌绝顶，聚焦高质量发展目标任务

山高人为峰。477万河东儿女聚焦全方位推动高质量发展的目标任务，凝心聚力、真抓实干，全市呈现出经济持续向好、政治更加清明、文化不断繁荣、社会和谐稳定、生态显著改善、党建全面加强的蓬勃发展态势。

聚力转型升级，产业发展在体系重塑中夯实壮大

从平陆新环精密年产3000万件太阳能光伏设备产业化项目到永济市蓝科途年产5亿平方米锂电池隔膜项目，现代产业工程火热推进；从垣曲抽水蓄能电站项目到山西展源储能50MW/100MWh独立调峰调频储能项目，能源革命项目稳定“蓄能”……运城产业体系重塑、转型升级的态势愈发明朗。

工业经济挺起硬脊梁。坚持把工业发展摆在经济工作的首要位置，增总量、扩规模、提质效，进一步做大实业、做强产业、做优主业，新兴产业强市打造迈出坚实步伐。“415”十大工业产业集群加速培育壮大，“合汽生材”新兴产业地标加快成型成势。2021年，全市三次产业比例逐步优化，规上工业企业净增168户；战略性新兴产业增加值增长30%，占比达15.9%；新增

·数说运城·

从10组数字看运城经济高质量发展

1. 全市地区生产总值同比增长9.1%，总量迈过2000亿元关口，达到2053.1亿元。

2. 一般公共预算收入完成105.2亿元，增长16.8%，突破100亿元大关。

3. 固定资产投资增长13.4%，增速全省第二。

4. 社会消费品零售总额增长16.2%，增速全省第二。

5. 规模以上工业增加值增长12.8%，增速全省第五。

6. 全市居民人均可支配收入23831元，同比增长9.9%，全省排名第二。

7. 全年全市战略性新兴产业增加值比上年增长30.0%，快于全市规上工业增加值增速17.2个百分点。

8. 高技术制造业增长25.4%，增速比规上工业增速快12.6个百分点。

9. 2021年，全市施工项目1776个，同比增加165个。全市亿元以上施工项目388个，同比增加51个。全年全市固定资产投资完成723.4亿元，增速排名全省第二，两年平均增速排名全省第一。

10. 全市民间投资占全市固定资产投资的比重达到72.6%，对全市投资增长的贡献率达到83.0%，成为推动全市投资快速增长的重要因素。

国家“两化”融合贯标认定企业32家，总数达到64家，数量全省第一；招商引资工作综合排名位列全省第一。

现代农业迈上快车道。坚持“稳粮保供”，发展农产品精深加工，打造品质农业、品牌农业、诚信农业。黄汾百万亩粮食优质高产高效示范基地强力推进，粮食安全底线愈发牢固；粮食生产再获丰收，2021年总产28.27亿公斤；省级农产品出口平台取得新进展，出口75个国家和地区，晋南苹果入选国家农业优势特色产业集群；“运城面粉”“运城苹果”“运城蔬菜”区域公

运城优质小麦高产示范区

用品牌逐步叫响，国家地理标志农产品增加到32个，名列全国地级市第八；全国节水增粮增效技术观摩交流会在运城召开，现代农业强市加速推进。

文旅产业迸发新活力。 坚持以文塑旅、以旅彰文，围绕大文化、大景区、大市场，加快创建国家级全域旅游示范区。河津大梯子崖景区、万

·特别关注·

现代农业看运城

运城市粮食种植面积达800余万亩，主要农作物良种覆盖率达98%，耕种收综合机械化水平接近80%。晋南苹果入选国家农业优势特色产业集群，水果产量占山西省70%，果汁加工能力占山西省90%、全国35%，出口量占全国近1/4，运城苹果、运城油桃、运城冬枣等多个水果代表我国首次出口欧美市场。特色农产品品牌达91个，山西省第一。2020年，“中国农民丰收节”全国主场活动首次走出北京后的第一站就在运城举办。

·特别关注·

运城入选国家文化和旅游消费试点城市

2021年10月27日，文化和旅游部、国家发改委、财政部联合公布了第二批国家文化和旅游消费试点城市名单，全国共55个，运城是山西唯一入选城市。

荣后土祠景区、垣曲望仙大峡谷景区3家景区成功创建4A级景区，新建黄河一号旅游公路253公里，培育形成了以盬街、平常街等为代表的旅游新业态，入选国家文化和旅游消费试点城市。关公文化旅游节、舜帝德孝文化节、池盐文化旅游周等成功举办，“游山西运城、读华夏历史”品牌影响力持续提升，知名旅游强市跑出了前所未有的加速度。

锐意改革创新，发展活力在集聚动能中竞相迸发

在全力构建创新高地、人才高地、开放高地的波澜壮阔实践中，束缚活力的桎梏被一个个打破，阻碍发展的藩篱被一个个扫除，创新、改革、开放正在成为运城最壮丽的气象。

创新发展迈上新台阶。黄河金三角（运城）创新生态集聚区建设蹄疾步稳，成功入选“科创中国”试点城市。重点培育了3家省级重点实验室、2家省级工程技术研究中心，新型研发机构、市级重点实验室、工程技术研究中心等创新平台达到111家。在新材料、先进制

造、轨道交通等高新技术领域突破关键核心技术20项。研究与试验发展经费投入占比达到1.39%，排名全省第二。全市累计建成5G基站3045个，数量全省第三。

深化改革取得新突破。开发区“承诺制+标准地+全代办”改革走在全省前列，“7×24小时不打烊”政务服务实现市域全覆盖。全面推行工业项目服务“零距离、零收费、零延迟、零投诉”机制，建立电视问政长效机制。成功入选国家文化和旅游消费试点城市、全国首批一刻钟便民生活圈试点城市。14家破产企业及“僵尸企业”欠缴的3.1亿元养老保险得到彻底解决。

对外开放实现新提升。成功承办晋陕豫黄河金三角区域合作第五届省级协调领导小组会议暨四市联席会议、关中平原城市群高质量发展联席会议。与44个“一带一路”沿线国家开展贸易往来。跨境电子商务综合试验区申报至国务院办公厅，航空口岸正式开放，开放型经济扬帆起航。垣渑高速建成通车，运三高速公铁黄河大桥连接线、临猗黄河大桥及引线工程加快建设，交通互联互通迈出新步伐。

人才引进打开新局面。实施高层次人才引进计划，引进“两高一紧”

·知识链接·

“两高一紧”人才：即高层次创新创业人才、高学历潜力人才和紧缺急需实用人才。

人才1222名；实施高素质青年人才引进计划，累计引进344人；实施大学生就业创业计划，促成就业意向1.8万人。全面加强市校合作，与江西理工大学、深圳大学等91所高校合作共建“十二大基地”，落地项目398个。

坚持人民至上，民生福祉在普惠共享中持续增进

·特别关注·

运城市盐湖区高标准打造零工市场的做法受到国务院大督查通报表扬

作为山西首家零工市场，运城市创建的盐湖区零工市场为灵活务工人员提供等候用工、求职信息发布、技能培训、劳动维权、基本生活服务等公益性综合服务。市场运营以来，每天平均线上线下服务零工咨询接洽出工业务近千人次。

零工人员可根据需要在大厅寻找工作，不仅改变了马路边零工市场造成的环境秩序散、乱、差，而且市场提供了职业技能培训、法律咨询等服务，实现零工揽工行为规范化。同时，在零工市场周边设立4条直达公交线路，为求职者和用工者提供便利的交通条件。

随着医疗、教育、就业等领域的一件件民生实事落地生根，一项项暖心举措普惠于民，百姓获得感、幸福感、安全感不断增强，“四个运城”正加速呈现在世人面前。

就业之路更加宽广。山西新产业技师学院获批。技能培训23.7万人，完成省定任务158%；新增技能人才7.39万人，完成省定任务211%。加大劳务输出力度，转移就业16.6万人，完成省定任务264%。城镇登记失业率控制在2.12%。盐湖区高标准打造零工市场的做法受到国务院大督查通报表扬。

优质教育更加普惠。新（改扩）建18所公办幼儿园，改造完成农村寄宿制学校80所。抓好高中教育教学质量提升，高考稳居全省第一方阵。严格落实“双减”政策，全市418所公办非寄宿制小学全部开展课后服务，参与率92.7%。新建11座高品质“河东书房”，打造“2公里阅读圈”。运城农业职业技术学院跻身“2021—2022年农业类高职院校30强”。创作推出一批优秀文艺精品。

医疗体系更加完善。巩固拓展县域医疗卫生一体化改革成果，2125个乡村卫生院（室）完成标准化建设，“一村一名大学生村医”覆盖846个行政村。中医药强市通过国家评估验收，在全省率先达到全国基层中医药工作先进单位创建条件。

保障之网更加牢固。落实城乡居民补充养老保险，参保率99.7%，全省第一。全民参保计划稳步推进，初步构建起多层次社会保障体系。狠抓“嵌入式”养老机构建设，2个城镇社区养老幸福工程、34个社区养老服务中心建成投入使用。

平安建设更加扎实。在全省率先成立县（市、区）委国家安全委员会办公室，首家为市直行政执法单位全部配备执法记录仪等设备，率先开展十大领域综合行政执法工作和案件评查活动。“12345”政务服务热线运行质量位列全国第一方阵，社情民意办公室被评为2021年度人民网网上群众工作民心汇聚单位。

践行“两山”理论，生态环境在向好向优中更绿更亮

现如今，走进伍姓湖湿地公园，草木葱茏，波平如镜，远处的中条山倒映在碧波之中，山水相连，水天一色。这是运城深入践行“绿水青山就是金山银山”理念的闪光注解。

重大生态系统修复治理扎实推进。黄河流域生态保护和高质量发展“双十工程”全面铺开，“五条绿色走廊”建设初见成效。中心城区“十湖”共治全面启动，千年盐湖停止工业生产，实现“退盐还湖”。“绿满运城”行动全面展开，全省国土绿化现场推进会在运城市召开。冻结影响山体生态的风电项目审批，停止新批建筑石料矿山，将78座露天采石场整合为25座。

蓝天碧水净土保卫战连战连捷。加快集中供热、清洁取暖改造，2021年PM2.5下降15.8%；新建改造城乡污水处理厂64座，全面取缔黄河汾河沿岸1公里内48家污染企业，封堵349个入河排污口，完成68个行政村生

芮城县光伏领跑技术基地，是全国首家在县级层面实施的国家光伏领跑技术基地。

活污水治理，10个地表水国考断面优良比例达60%、全部退出劣V类；受污染耕地安全利用率达到100%。

绿色低碳转型迈出坚实步伐。深入推进能源革命综合改革试点，谋划实施总投资262亿元的23个重点能源项目，已开工19个，完成投资29.3亿元。新能源出租车、公交车数量占比达到98.6%和99.6%。装配式建筑面积占18%以上，绿色建筑面积占新增建筑面积60%以上。

加强党的建设，政治生态在自我革命中风清气正

在全方位推动高质量发展的大潮中，党旗高高飘扬在第一线，指引着方向、凝聚着力量、鼓舞着士气。在广大党员牢记初心使命、强化担当作为的实践中，镌刻着全面加强党的建设的坚实足迹。

自觉做到“两个维护”。胸怀“两个大局”，牢记“国之大者”，提高政治判断力、政治领悟力、政治执行力，更加深刻认识“两个确立”的决定性意义，增强“四个意识”、坚定“四个自信”，做到“两个维护”。坚持和加强党的全面领导，把党对一切工作的领导落实到各领域、各方面、各环节。

坚定挺起精神脊梁。梳理230处革命遗址遗迹，确定15家党史学习教育基地，编撰《河东红色故事》三册80万字。抓好“主题党日”，组织全市24万名党员集中开展党史知识大联考。扎实开展党史学习教育，“我为群众办实事”实践活动卓有成效。

构筑坚强战斗堡垒。开展“五面红旗”示范村（社区）创建专项行动、党支部书记素质提升专项行动、党群服务中心提档升级专项行动、“社区吹哨、党员报到”专项行动、“红色物业”品牌创建专项行动五大行动，推动基层党建全领域建强、全市域提升。

三、欲穷千里目，推动高质量发展更上层楼

登高望远天地阔。运城在全面建成小康社会的基础上，乘势而上开启全面建设社会主义现代化新征程。

全市上下深入贯彻落实中央及省委决策部署，聚焦全方位推动高质量发展的目标要求和工作矩阵，加快推进“一区两城三强市三高地”建设，以如椽巨笔书写新时代的“运城答卷”。

·特别关注·

一大批“国字号”荣誉花落河东

2021年以来，运城相继获得了一系列“国字号”荣誉：

1.荣获新一届全国文明城市提名城市；

2.成功入选“科创中国”试点城市、全国首批一刻钟便民生活圈试点城市、国家文化和旅游消费试点城市；

3.第十次荣获“全国无偿献血先进市”；

4.国家地理标志农产品增加到32个，位居全国地级市第八；

5.全国节水增粮增效技术观摩交流会在运城召开；

6.“12345”政务服务热线运行质量位列全国第一方阵；

7.运城市委、市政府社情民意办公室被评为2021年度人民网网上群众工作民心汇聚单位。

锚定产业转型，锻造全方位高质量发展引擎

顺应产业发展规律，在推动产业转型升级上用非常之力、下恒久之功，努力构建具有运城特色的现代产业体系。

在工业结构优化上做文章。深入实施“415”十大工业产业集群培育工程，着力打造“合汽生材”新兴产业地标，在壮大工业经济实力上架梁立柱。培育发展生命科学、人工智能、光电科技等高端产业，在未来产业发展上抢滩占先。以新基建、新技术、新工艺、新装备推动传统产业数字化、网络化、智能化改造，在产品迭

山西穿越光电科技有限责任公司是全国唯一拥有自主核心知识产权的OLED有机电致磷发光材料科研生产企业。

代升级上拔节起势。推动骨干企业做大做强，培育和引进一批“科技小巨人”“单项冠军”“瞪羚”“独角兽”企业。

在农业产业升级上下功夫。聚焦“稳粮保供”，落实“藏粮于地、藏粮于技”战略，致力打造黄汾百万亩粮食优质高产高效示范基地，守稳守牢粮食安全底线。聚焦“特”“优”二字，加强农产品地理标志保护，不断提升运城区域公用品牌的美誉度、影响力。聚焦精深加工，壮大果品蔬菜、主食糕点、药材药品、肉蛋制品等产业集群。聚焦业态培育，大力发展农业生产托管，开发乡村旅游、观光农业等新业态。严格落实“四个不摘”要求，推动巩固拓展脱贫攻坚成果同乡村振兴有效衔接。

在服务业提质增效上出实招。加强景区标准化智慧化建设，推进5A级景区和国家级旅游度假区创建工作，把关公文化、池盐文化打造成为河东文旅的金字招牌。完善“吃住行游购娱”全要素旅游服务体系，新建一批星级国际连锁酒店和特色民俗酒店，叫响“游山西运城，读华夏历史”文旅品牌。聚焦产业转型和消费升级，推动服务业壮大规模、提升效益，打造区域性消费中心。

解州关帝庙

深化改革开放，释放全方位高质量发展潜力

以自我革新的勇气，打造一流创新生态，突破体制机制障碍，全面提升开放能级，在更大范围、更广领域、更高层次上深入推进改革开放。

增强创新驱动能力。加快推进黄河金三角（运城）创新生态集聚区，启动建设绿色转型发展示范区，推动完善多层次创新载体与平台体系。以建设“科创中国”试点城市为契机，高标准建设山西智创城10号，建立一批工程研究中心、中试基地等，打造区域性创新中心。

运三高速公铁黄河大桥连接线工程是山西省高速公路网规划的连接线之一，项目正加大建设力度。

释放重点改革动力。深化能源革命综合改革试点、开发区“承诺制+标准地+全代办”改革、国资国企改革、行政审批制度改革等重点领域改革，为经济社会发展注入强大动能。深化乡镇财税体制、农村土地制度、集体产权制度等改革，激活乡村振兴内生动力。

提升对外开放活力。加快运三高速公铁黄河大桥连接线、临猗黄河大桥及引线工程建设，建设现代化区域性综合交通枢纽。加快4E级国际机场建设，申建跨境电子商务综合试验区和保税物流中心。主动衔接山西中部城市群，深化关中平原城市群、中原城市群等区域合作，在融入新发展格局中彰显更大作为。

统筹城乡发展，拓展全方位高质量发展空间

以城乡融合发展为抓手，重塑发展布局，优化资源配置，着力拓展高质量发展空间。

扬龙头，做大中心城区。围绕“花开河东，精美运城”主题，深化“1+5”组团发展。加快城市更新，推进市政公共基础设施一体化建设。建设“城市大脑”，抓好城市管理。推进产城融合，引进金融、科技服务、医疗康养等现代服务业，推动科创经济、总部经济、楼宇经济、夜经济和城郊经济发展。

运城市在推进“四好农村路”建设中修筑的民生路致富路

优布局，推进新型城镇化。构建“一核三翼七支点”新型城镇化空间布局。“一核”：推动盐湖、临猗、夏县一体化。“三翼”：推动河津、永济、闻喜3个市（县）打造市域副中心城市。“七支点”：支持万荣、稷山、新绛等7个县增强县城综合承载能力。

促融合，推动城乡一体。把县域作为城乡融合发展的重要切入点，推进空间布局、产业发展、基本农田、基础设施等县域统筹。以盐湖区北相镇、东郭镇、解州镇为示范，抓好城乡融合发展试验区建设。实施乡村建设行动，加强水电路气暖厕等基础设施建设，提升农村自建房质量，实现美丽乡村全覆盖。

聚焦共同富裕，共享全方位高质量发展红利

民之所望，政之所向。持之以恒深化“四个运城”建设，扎实做好民生改善各项工作，打造黄河流域共同富裕的先行区。

建设“技能运城”。强化技能培训，扩大培训持证覆盖面。“十四五”末，全市技能人才总量达到100万人以上，占从业人员的35%以上。高标准建设山西新产业技师学院，在每个县打造1所高标准技工学校。健全完善就业公共服务体系，加强劳务输出，打造运城特色劳务品牌，推动实现更充分、更高质量就业。

建设“书香运城”。聚焦打造区域性教育中心，落实“双减”政策，合理布局建设城区学校和乡镇寄宿制学校，让更多的孩子享有优质教育资源。实施名校建设工程，提升高中教育教学质量。加快推动运城师专和运城幼师高专联合升本，支持运城学院、运城职业技术大学建设区域性高水平应用型大学。推广“河东书房”模式，打造运城公共文化服务靓丽名片。

建设“健康运城”。完善疾病预防控制体系，提高应对突发重大公共卫生事件的能力。以建设重点医院、重点实验室、重点专科、重点团队为抓手，提高综

市民在禹都公园全民健身活动场地锻炼身体。

合性医院实力，打造区域性医疗中心。巩固拓展县域医疗卫生一体化改革成果，加快乡村卫生院（室）标准化建设，实现“一村一名大学生村医”全覆盖。扎实做好“一老一小”健康照护服务和妇幼保健工作。

建设“幸福运城”。实施全民参保计划，实现法定人员参保全覆盖。全面推广社区“嵌入式”养老模式，为居家老年人提供“医护住食娱学”一站式服务。新建一批人行天桥、渠化岛、停车场，完善商业设施，构建“一刻钟便民生活圈”。加大公园、小游园、小绿地、小体育场等建设力度，让群众推窗见绿、出门进园，享有更加宜居的环境、更有品质的生活。

坚持绿色发展，擦亮全方位推动高质量发展的底色

深入贯彻习近平生态文明思想，使青山常在、绿水长流、空气常新、美丽与发展同行，建设名副其实的山西“小江南”。

统筹重大生态系统修复治理。坚持山水林田湖草沙一体化保护和修复，统筹“控污、清淤、添绿、畅通、增产”，加快“五条绿色走廊”建设，抓好盐湖、伍姓湖、中条山、吕梁山等修复治理，实施地下水超采综合治理工程，不断提升生态系统质量和稳定性。加快创建国家森林城市，持续开展国土绿化，让绿色成为河东大地最靓丽的底色。

持续抓好污染防治集中攻坚。狠抓大气污染防治，坚持“转型、治污、减煤、控车、降尘”并举，畅通城市风道，让群众呼吸到更加新鲜的空气。狠抓水污染防治，加强工业废水、城镇污水、农村排水治理，严厉打击各种偷排行为，确保“一泓清水入黄河”。狠抓土壤污染管控和修复，强化固体废弃物资源化利用和垃圾分类处置，加强农业面源污染防治。

加快形成绿色生产生活方式。坚决遏制“两高”项

目盲目发展，加快形成绿色产业体系。狠抓节能节水降耗，深入推进能源互联网试点，基本建立绿色能源供应体系，提高全社会资源利用效率。开展绿色家庭、绿色社区、绿色村镇、绿色单位等创建活动，让绿色低碳成为新风尚。

奋楫扬帆开新局，实干笃行显担当。运城将深入贯彻新时代党的建设总要求，推动全面从严治党向纵深发展，全面建设清廉运城，以政治生态、发展环境、纪律作风的新气象，保障引领全方位高质量发展跑出加速度、创造新业绩、开辟新境界，以优异成绩迎接党的二十大胜利召开！

后　记

习近平总书记指出，要不断推出群众喜闻乐见、贴近大众生活的形式多样的理论宣传作品，让理论为亿万人民所了解所接受，画出最大的思想同心圆。讲人民群众听得懂、听得进的话语，让党的创新理论“飞入寻常百姓家”。

凡贵通者，贵其能用之也。省委宣传部组织编撰《山西全方位推动高质量发展面对面》通俗理论读物系列丛书，是学习贯彻习近平总书记考察调研山西重要指示精神，推动党的创新理论普及化、大众化，帮助广大干部群众深入领会省委“全方位推动高质量发展”目标要求、准确把握我省“六个领域”“三个体系”工作矩阵的重要举措。

丛书编撰工作得到省委书记林武同志的关心支持，并列入2022年全省宣传思想工作要点，作为宣传思想工作矩阵的重要内容。省委宣传部组织我省理论功底深、政策水平高、文字能力强的党政干部及专家学者，组成撰稿团队，全力以赴、倾情付出。各市委宣传部积极响应、认真落实。山西日报社、山西广播电视台等单位为丛书编写提供相关资料。山西人民出版社尽锐出战、集中攻关。各单位各部门密切配合、通力协作，展现了宣传思想文化战线在全方位推动高质量发展中的使命担当。

丛书于2021年12月开始策划，撰稿团队持续跟进学习最新政策、及时关注研究鲜活实践，提纲几经修改、书稿反复打磨，九易其稿、精益求精。其间，克服疫情影响，分头撰写和集体统稿相结合、视频会议和集中研讨相结合，保证撰稿任务按计划高质量推进。基本成稿后，还邀请省委统战部、省委政研室、省直工委、省生态环境厅、省委党校、省社科院、省社科联等单位领导干部和专家学者对丛书进行审读，提出修改意见。经过不懈努力、日夜奋战，6册书稿于2022年7月1日、党的101周年华诞基本定稿。其后，经进一步修改完善，得以顺利付梓。

我们对省委“全方位推动高质量发展”目标要求和工作矩阵的学习贯彻还在不断深化中，有些论述还未能在丛书中深入展开。全省广大干部群众全方位推动高质量发展的壮阔实践还在不断推进中，丛书选取的资料也还不够全面。这些不足之处，敬请广大读者批评指正。我们将在今后的通俗理论读物编写工作中继续探索，不断提高。

丛书编委会

2022年7月